近江の戦国城郭

中井均

凡例

現在残る遺構を記す場合は本来、城跡と記すべきであり、歴史を記す場合は城と記して区別すべきである。しかし、一方で城跡記載と城記載は煩雑で、どちらとも明確に区別できない場合もある。そこで本書では便宜上城表記に統一した。

目次

第一章　安土城の先駆けとなった石垣技術

はじめに

滋賀県教育委員会が一九九一年より十年を費やした中世城館の分布調査によって、県内には約一三〇〇ヶ所にもおよぶ城館が確認されました。この分部数は全国屈指の多さで、近江は湖の国であるとともに、城の国でもありました。さらに、こうした多くの城には様々な特徴が認められます。なかでも注目されるのは甲賀郡中惣の城館群、戦国大名の巨大な山城、境目の城、合戦に築かれた陣城、近世城郭の始祖安土城などです。近江の城は単に分布数が多いというだけではなく、日本城郭史や戦国史研究にとっていずれもが大変重要な資料となるものばかりです。

そうした様々な特徴をもつ近江の城郭ですが、とりわけ注目されるのが、石垣です。現在、お城といえば彦根城や姫路城がその代表的なものですが、これらは関ヶ原合戦以後に築かれた城郭で、近世城郭に分類されるものです。こうした近世城郭では、その基礎に石垣が用いられているため、お城には必ず石垣が用いられているように思われていますが、戦国時代の城ではほとんど用いられていません。全国的に石垣が広く導入されるのは、織田信長によって築かれた安土城以後のことです。

ところで、近江は安土城に先行する石垣が城郭に導入される地域です、近江の石垣構築技術が安土城や後の近世城郭に多大な影響を与えました。近江の技術なしには近世城郭の石垣は築き得なかったといっても過言ではないでしょう。ここでは石垣を持つ戦国時代の城を紹介し、その技術がどのように城郭に導入されたのかを探りたいと思います。

水茎岡山城

近江八幡市水茎の琵琶湖に突出した島状の独立丘陵に位置するのが、水茎岡山城です。京都を追われた室町幕府の第十一代将軍足利義澄を迎えるために九里高雄らが永正五年（一五〇八）に築いた城で、当時は水茎内湖に浮かぶ島でした。第十二代将軍足利義晴は、この城内で誕生しています。また、昭和五十五、五十六年（一九八〇、八一）の湖周道路建設に伴い頭山（本丸部）と素山（二の丸部）の鞍部で、発掘調査が実施されました。その結果、礎石建物などが検出されましたが、最も注目されるのは石垣が用いられていることでした。加工されない自然の石材をほぼ垂直に高さ二mほど積み上げたもので、出隅部分は算木積みとならず、さらに、隅部の稜線も全く通らないという極めて古いタイプの石垣でした。水茎岡山城は、永正十七年（一五二〇）に六角定頼に攻め落とされ、以後廃城となっていることより、検出された石垣は永正五年から永正十七年に築かれたものであると限定することができます。観音寺城の石垣は弘治二年

水茎岡山城で検出された石垣（滋賀県教育委員会1981『岡山城跡発掘調査報告書』より 滋賀県提供）

（一五五六）前後に築かれたものと考えられていますが、水茎岡山城で検出された石垣はそれよりも三十六～四十八年も古く、おそらく、日本最古級の城郭石垣とみてよいかと思われます。

観音寺城

近江の守護佐々木六角氏が南北朝時代より居城としたのが、湖東平野にひときわ高くそびえる繖山に構えた観音寺城です、その構造は山頂部には曲輪を構えず、南斜面を階段状に加工して曲輪を設ける特異なものとなっています。こうした曲輪は軍事的な防御施設ではなく、屋敷地として利用されていたものと推定されています。驚くことに、そうした曲輪の前面切岸部はすべて石垣によって築かれていました。この石垣は、金剛輪寺に所蔵されている『下倉米銭下用帳』によって弘治二年（一五五六）前後に築かれたものと考えられます。安土城に先行する本格的な石垣として注目されます。

観音寺城石垣

観音寺城石垣石材の矢穴１

観音寺城石垣石材の矢穴２

これまで、その構造は加工されない自然石を用いたものと考えられていましたが、近年、北原治氏の調査で矢穴を穿（うが）って石材を切り出したものであることが確認されました。（北原治二〇〇八「矢穴考二」『滋賀県文化財保護協会紀要』第21号）。この技法は近世城郭の石垣石材には多く見られるもので、まず、母岩に鑿（のみ）によって方形の小穴を連続して彫り込み、そこへ楔（くさび）を玄翁（げんのう）で打ち込んで石を切り出すものです。これまで、城郭石垣に矢穴が出現するのは天正年間（一五七三～九二）の後半と考えられていただけに、この観音寺城での発見は画期的なものでした。

さらに、興味深いことは、観音寺城で矢穴の認められる石材は、辺のすべてに矢穴が設けられているのではなく、隅部に二～三個設けられているにすぎません。隅に矢穴を設けて割る工法だったようで、発見者の北原氏は「観音寺城技法」とよんでいます。

一方、『下倉米銭下用帳』には、金剛輪寺の西座において観音寺城の石垣普請について度々談合が持たれていたことが確認でき、石垣の普請に関して金剛輪寺の持っていた技術が援用されたことはまちがいありません。

湖南の諸城

観音寺城を居城として佐々木六角氏は近江の守護職家であり、湖南をほぼその領国としていました、この領国とリンクするように石垣を用いた戦国時代の山城が確認されており、六角氏の築城技術のひとつとして注目されます。

佐生日吉城

東近江市の佐生日吉城は、繖山より北方へ延びる尾根の先端に築かれています。この佐生日吉城には主郭部の南辺に石垣が築かれています。特に、南西隅部には高さ四mに及ぶ高石垣が築かれています。城主は後藤但馬守と伝えていますが、後藤氏は現在の東近江市中羽田一帯を本拠としていることより、領域を支配する城主というよりも、軍事的な緊張を迎えて守備隊長として入れ置かれたようです。観音寺城の北方は土塁による長大な防備ラインを設けるものの、堀切りもなく、曲輪も設けられていません。北方は尾根が続くため、その弱点を克服する目的で先端部に築かれたのが佐生日吉城でした。構築時期は永禄十一年（一五六八）の織田信長の近江侵攻に備えたものと考えられます。現在のところ観音寺城の石垣に類似する石垣と

佐生日吉城の石垣

して位置付けられていますが、矢穴技法によって切り出された石材は一点しか認められません。あるいは観音寺城の石垣を構築した石工のなかで矢穴技法を用いないグループが中心となって佐生日吉城の石垣普請を担当したものと考えます。

小堤城山城

野洲市の小堤城山城は鏡山から派生する西尾根上、標高二八六ｍの城山に位置しており、六角氏被官の永原氏によって築城されたと考えられます。その構造は城山山頂部に主郭を配し、そこから北と北西に延びる尾根筋に階段状に小曲輪を構え、その谷筋にも曲輪を配置するものです。石垣はほぼ城内全域で確認されています。福永清治氏は小堤城山城の石垣について石材や積み方などから三つのパターンに分類されています。そのなかで最も大きな石材を用いた石垣は、谷筋に構えられた曲輪直下の城道に面した部分であるとし、さらに、ここでは切り出した面を石垣表面に用いるなど「見せる石垣」としての意識が強く感じられるとされています（福永清治二〇〇五「小堤城山城の石垣について（概要の報告）」『野洲市歴史民俗博物館研究紀要』第11号）。この石垣石材には観音寺城と同様の矢穴が多数認められ、同様の技術で石材を切り出して石垣に用いたことがうかがえます。

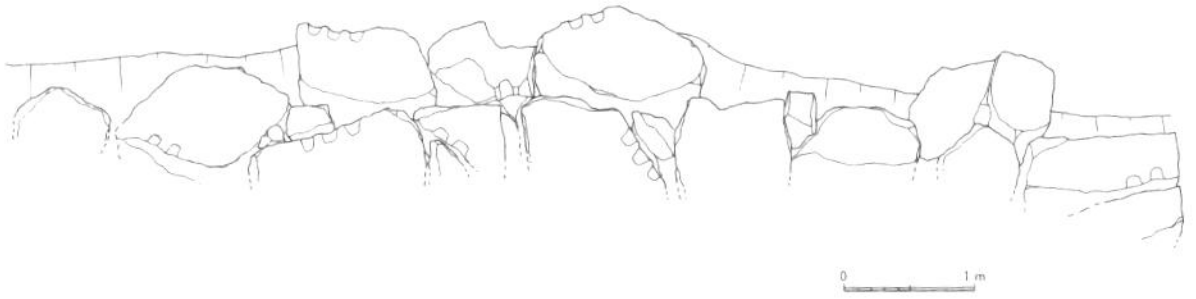

小堤城山城石垣立面図（福永清治2005「小堤城山城の石垣について」『野洲市歴史民俗博物館研究紀要第11号』による）

三雲城

三雲城は、六角氏の有力な被官三雲氏によって築かれました。三雲城の位置する甲賀の地は守護権力の後背地となっており、六角氏が脅かされた際に逃げ込む地となっていました。その中心に位置する三雲城の築城には六角氏が強く関与していたようです。城の構造は山頂を加工せず、中腹部に巨大な曲輪を配置するものです。この中腹の曲輪に残る石垣には観音寺城と同様の隅部にのみ矢穴を穿った石材が認められ、同様の技法によって石垣が築かれていたことがわかります。なお、中腹の曲輪には石垣によって築かれた枡形状の虎口が構えられています。

従来、この枡形については後の織田、豊臣権力によって改修されたのではないかと言われていましたが、縄張りに改修が認められず、枡形のみを石垣としたとは考えられません。やはり矢穴は六角氏時代の割石と見られます。

このように、湖南地域や甲賀地域においては観音寺城と同様に石垣によって築かれた城郭が存在していました。特に小堤城山城と三雲城では観音寺城と同じ技法によって切り出された石材によって積まれていたことも確認されています。こうしたことから、六角氏の支配地域はいち早く戦国期に石垣が導入された地域であったことがうかがえます。

三雲城石垣立面図（福永清治2005「小堤城山城の石垣について」『野洲市歴史民俗博物館研究紀要第11号』による）

小谷城

湖北地方では、戦国大名浅井氏三代の居城、小谷城で石垣が認められます。山王丸の東側斜面には現在、大石垣と呼ばれている高石垣が長さ二〇mにわたって残されているほか、黒鉄門や山王丸虎口などに石材が散乱しており、本来は石垣によって築かれていたことがわかります。大石垣では隅部で算木積みとなっており、決して石を積んだだけの単純な石積みではなく、石垣の技術を有する工人集団によって築かれた可能性が高いようです。石材については加工されたものはなく、自然石が用いられています。現在のところ観音寺城で認められる矢穴は確認されておらず、石材の供給についても観音寺城とはまったく異なる石工集団によるものと考えられます。

なお、黒鉄門や山王丸では基底部が残存しており、その上に積まれていたと思われる石材が崩されて散乱していますが、この崩された石材の方が、残存している石材よりも大きいのです。つまり、石垣として存在していた段階では石垣の下方よりも上方の石のほうが大きかったようです。

さて、こうした小谷城の石垣の年代ですが、大きくは浅井氏段階のものか、その後に入城した羽柴秀吉段階のものかという二時期を想定しなくてはなりませんが、崩れた状況は自然ではなく、人為的に崩されたようです。これは秀吉による破城、つまり、城割りがおこなわれたことを示しており、秀吉時代に築かれた可能性はまず考えられません。元亀四年（一五七三）の落城後は秀吉の居城となりますが、それは山麓の居館部だったのではないでしょうか。ただ浅井氏段階ではありますが、久政、長政段階頃に増築された際に石垣が築かれたものではないかと考えられます。

小谷城山王丸の大石垣

鎌刃城

米原市の鎌刃城は、中山道番場宿を眼下に見下ろす山頂部に構えられた戦国時代の山城です。平成十年より五ヶ年にわたって発掘調査が実施されました。当初鎌刃城は戦国時代の山城であり、石垣は存在しないものと考えられていましたが、発掘調査の結果、ほぼ城域全体を石垣によって築いていることが明らかとなりました。とりわけ主郭北面には枡形虎口が設けられており、石垣も最も高いものが検出されました。石材には粗割の石灰岩を用いて、ほぼ垂直に積み上げていました。

その工法はいわゆる野面積みで、石材間には大きな隙間が生ずることとなります。鎌刃城ではそうした隙間に

鎌刃城石垣

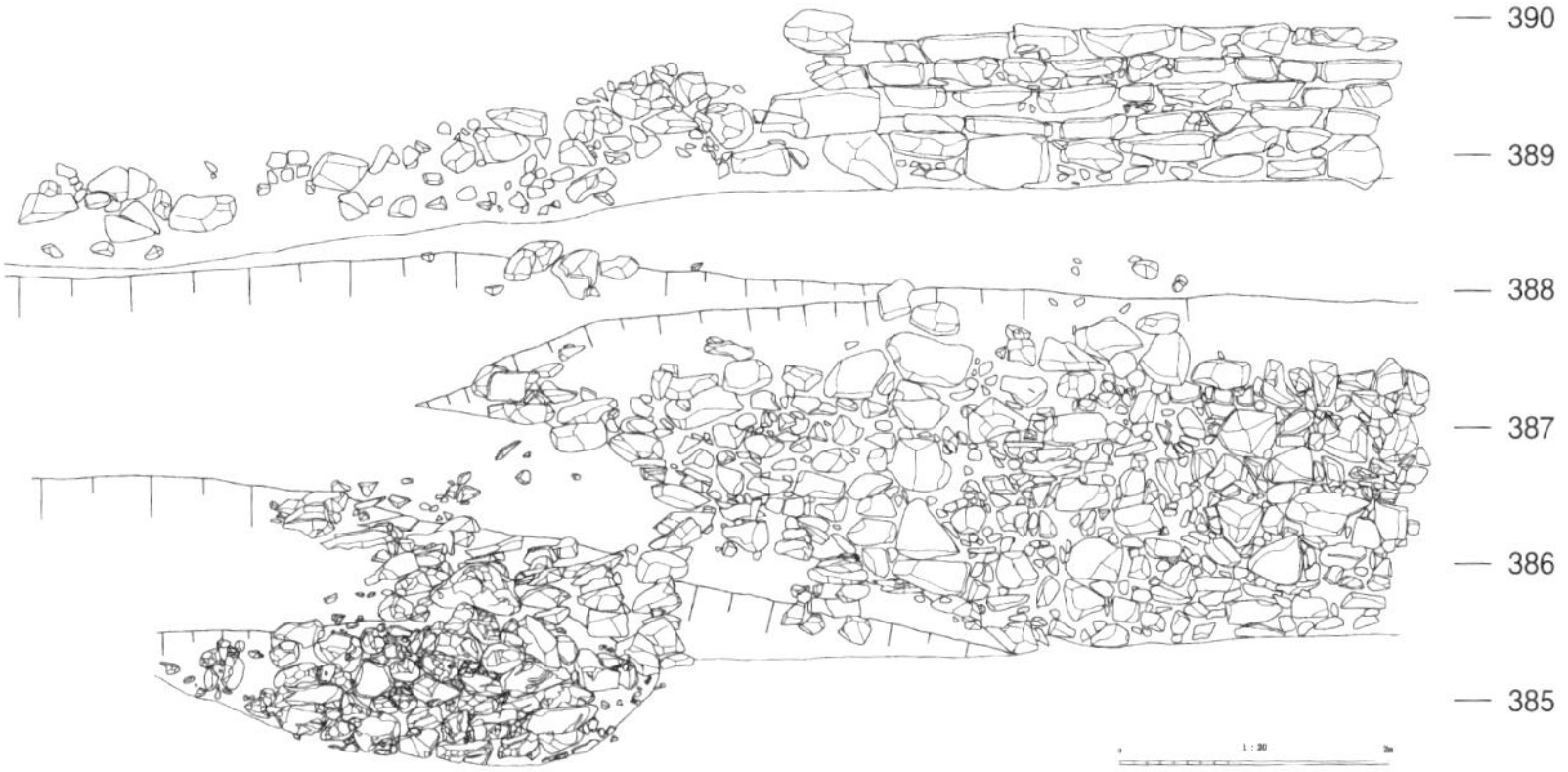

鎌刃城石垣立面図（米原市教育委員会2008『米原町内中世城館跡分布調査報告書』による）

間詰石を充填するのではなく、粘土を詰め込んで接着剤としたことが明らかとなっています。

さらに、石垣の下方には石材が散乱しており、これらは当初石垣に組まれていた石材と考えられます。ところで、その転落した石材を見るとかなり巨石が用いられていることがわかります。鎌刃城でも小谷城と同様に基底部よりも上に巨石を用いる積み方であったと考えられます。鎌刃城の発掘調査によって上方に巨石を積むという工法が決して小谷城だけの特異なものではなく、浅井氏の領国内で用いられていた石垣構築工法であったことも明らかとなりました。その構築年代は小谷城と同じ工法ということであれば、鎌刃城主の堀秀村が織田信長方に降る元亀元年（一五七〇）以前のものということになります。おそらく永禄年間（一五五八～一五七〇）頃の築造と考えられます。

安土城

天正四年（一五七六）、織田信長によって築かれた安土城は高石垣、天主を中心とした礎石建物、そして瓦を城郭にはじめて導入した画期的な城郭であり、近世城郭の始祖として位置付けされます。その石垣は粗割石を用いた野面積で、いわゆる穴太衆によって築かれたものと言われています。現在安土城の大半では矢穴を認めることはできませんが、わずかながら矢穴のある石材が確認されています。また、石積み技法にも乱積みもあれば布積みもあり、さらに、立石を用いるところもあり、十面十色といっても過言ではありません。こうしたことから安土築城には多くの石工集団が動員されたものと考えられます。

安土城天主台の石垣

安土城と穴太衆を結びつける史料としては、江戸時代に編纂された『明良洪範』という書物に登場するのが初見です。おそらく、穴太の系譜を引く人達が石工としての自らの家格を誇るために記したものと考えられます。安土城の石垣と言うとすべて穴太衆が築いたような印象を受けますが、実際は多くの工人が動員され、穴太衆と呼ばれる工人もその一員にすぎなかったようです。

おわりに

戦国時代の土の城は、十六世紀中頃になるとより防御力を強固なものとするために石積・石垣を導入する地域が出現します。そのひとつが近江でした。水茎岡山城ではすでに十六世紀前半に石垣を導入したことが史料や発掘調査で明らかとなりましたが、その技術がどこからもたらされたのかは不明です。続く観音寺城では金剛輪寺に伝わる『下倉米銭下用帳』から石積みの技術が社寺の技術によって築造されたものであることがわかります。さらに、近年の北原治氏の研究によって観音寺城では矢穴による割石技法の存在が明らかとなりましたが、その技法も社寺のもつ技術であったようです。例えば京都では慈照寺銀閣から十五世紀中期の矢穴技法によって切り出された石材を用いた石垣が検出されています。近江でも今後中世の寺院石垣も含めて検討していく必要があります。この観音寺城の石垣は六角氏領国にも導入され、現在佐生日吉城、小堤城山城、三雲城などで確認されています。特に小堤城山城と三雲城では矢穴技法によって切り出された石材の用いられていることが確認されています。こうした石垣は六角氏の築城の特徴として評価できるのではないでしょうか。

六角氏の観音寺城は、山城としては全国的にも有数の規模を誇る城ですが、従来はその構造が戦国大名の城としては防御性が低く、家臣団屋敷の集合体に過ぎないという過小評価を受けてきましたが、軍事的な防御施設は低いものの、石垣というそれまでの土造りの城では考えられない土木技術を駆使した築城であった点は大いに評価されるべきです。

一方、湖北においても小谷城や鎌刃城で石垣が検出されています。注目されるのはいずれも石垣の上方部に下方部よりも大きな石材を用いるという積み方が認められることです。また垂直に積もうとする意識が強く、鎌刃城では石材間の隙間に粘土を詰めていた技法も確認されています。残念ながらこうした技法は日本列島の各地で出現した十六世紀中頃の石垣のひとつの系譜ではあったものの、織田信長に滅ぼされてしまった結果、そこで途絶えてしまい、後世に引き継がれることはありませんでした。

信長による安土城では、多くの工人集団が動員されたようで、様々な積み方を目にすることができます。後に穴太衆と呼ばれる比叡山に隷属していた石工や、近江八幡の馬渕で石臼などを製作していた石工なども動員されたと考えられます。こうして築かれた安土城の石垣が以後の日本の城郭普請に必要不可欠な施設となり、その技術は飛躍的に進歩し、四十五年後には現在見ることのできる徳川大坂城の石垣に到達しました。

このように、十六世紀前半より近江では城郭に石垣が導入され、試行錯誤されるなかで、安土城の石垣が誕生したものと考えられます。近江における石垣の積極的な導入によって安土城の石垣が成立したわけです。まさに近江で出現した石垣によって日本の城郭は土造りの城から石造りの城へと変化したといっても決して過言ではないでしょう。

第二章　掘立柱建物から礎石建物へ

はじめに

　織田信長によって築かれた安土城では、平成元年より滋賀県教育委員会が特別史跡安土城跡調査整備事業をおこなっています。この事業に伴う発掘調査によって多くの成果が得られており、信長がどのような城造りをおこなったのかが明らかになりつつあります。その築城の根幹となるものが、石垣・瓦・礎石建物という三つの要素で、戦国時代の城郭が土から成る城であったことに対し、信長の安土城は石から成る城として築かれています。以後、日本の城郭では石垣を築くことがあたりまえのように行われます。しかし、石垣は安土城で突然変異のように出現したわけでは決してありません。城郭の防御をより強固なものへとするために十六世紀前半には出現し、中頃より盛んに導入が図られます。特に近江は全国的にもこうした石垣導入の先進地域であり、近江の石垣構築技術が安土城や後の近世城郭に多大な影響を与えました。近江の技術なしには近世城郭の石垣は築き得なかったといっても過言ではないでしょう。

　しかし、安土城の画期は石垣だけではありませんでした。戦国時代の城郭は土造りであり、そこに構えられた建物もまた簡単なものでしかありませんでした。戦国時代の城郭は戦うための防御施設であり、それは土を切り盛りして土塁や堀切を設けた土木施設だったのです。つまり、普請と呼ばれる土木工事によってほぼ城郭としては完成していたわけです。建物としては簡単な井楼櫓（せいろうやぐら）と柵、倉庫程度があったに過ぎず、極めて臨時的な建物でしかなかったのです。実際、安土城以前の城郭建物の残っている城は皆無です。これは合戦などで焼失したからではなく、残らないような簡単な建物でしかなかったことを端的に物語っています。

　ところが、安土城では城郭の中心に天主と呼ばれる高層建物が造営され、石垣上には土塀や櫓が軒を並べ、曲輪内には御殿も配されるようになります。戦国時代の山城は居住する場所ではなく、あくまでも戦うための詰城でしかなかったため、恒久的な建物を必要としなかったのでしょう。しかし、安土城では本丸などの山上にも御殿を構え、居住空間と防御空間が一体化しました。このため普請という土木だけではなく、作事と呼ばれる建築にも大きな比重がかけられることとなりました。もちろんただ居住するためというだけの恒久化ではなく、ぶ厚い土塀や、重層の櫓などにより、防御力を飛躍的に高めました。さらに恒久的な建物に金箔瓦を葺くことによって、見せる城を意識したのです。権力の象徴としての城郭が誕生したわけです。その最たるものが天主でした。

　しかし、こうした作事も安土城で突然変異的に出現したわけでは決してありません。戦国時代には各地で様々な建造物が城郭に導入されます。今回はこれまでの研究ではあまり注目されなかった安土城以前の近江における城郭の建物について紹介したいと思います。

掘立柱建物から礎石建物へ

　戦国時代の城郭、特に山城の大半は居住するものではなく、居館背後の山を戦いのときにのみ利用する詰城として築かれています。このため建物も簡単なものでしかありませんでした。残念ながら戦国時代の山城の発掘調査は滋賀県内では非常に少なく、実態は不明ですが、近隣の京都府や岐阜県などでは掘立柱建物が多く検出されています。例えば京都府舞鶴市の大俣城は典型的な戦国時代の山城ですが、主郭（本丸）からは掘立柱建物が二棟検出されただけでした。また、浄法寺城（京都府亀岡市）や粟生城（あおじょう）（三重県多気郡大台町）などでは建物の痕跡すら検出されておらず、山を切り盛りして築いた土塁や堀切によってのみ築かれた山城でした。おそらく、近江の山城もこのような簡単な掘立柱建物によって築かれていたものと考えられます。

　ところが、戦国時代後半になると城郭に礎石建ちの建物が出現します。掘立柱建物の場合、柱材を規格寸法に加工する必要はなく、柱間も正確でなくともよいわけですが、柱を直接土中に埋めて建てるとなると耐久年数は極めて短くなってしまいます。つまり、建てる側（築城者）もはなから恒久的な建物を建てる意志などなかったわけです。さらに用材も城を築くために伐採した樹木で対応できました。しかし、礎石建ちの建物となると柱材は規格寸法に加工したものが必要となり、柱間も正確に配さねばならず、そこには専門的な建築技術者、番匠が必要となります。ただ、礎石建ち建物を導入することにより、例えば縁を持つ建物や、床を持つ建物、さらには大規模な建物を造営することが可能となりました。

鎌刃城

米原市の鎌刃城では、北端の土塁で囲まれた小曲輪が発掘調査の結果、東西五間以上×南北五間以上の総柱の礎石建物ＳＢ０１が検出されました。礎石は土塁内側直下で検出されており、実は土塁を壁面とした半地下室を持つ建物であり、柱間は一間が六尺五寸であることがわかりました。城の北端に構えられ、周囲を土塁の壁によって守られた建物は規模からも重層の建物であった可能性が高く、尾根先端防御のために築かれた櫓ではなかったかと想定されます。

ところで、城郭建物で地下室を伴う建物は天守以外には存在しません。そうした天守の地下室を穴蔵と呼んでいます。鎌刃城は出土した陶磁器から十六世紀第三四半期に存続した城であることが明らかとなっており、この礎石建物も十六世紀第三四半期に位置付けられます。ほぼ安土城と同時期に安土城天主と同じ穴蔵を持つ礎石建物が造営されたことは注目されます。

一方、主郭では植林が施され、ほとんどの礎石が除去されてしまい、原位置を保っているものはありませんでした。しかし、主郭の端部ではかろうじて礎石建物の礎石が原位置を保っていました。その規模は南北四間以上、東西四間以上となるもので、柱間一間は六尺五寸を測ります。南辺と西辺には半間ごとに束柱を据えた礎石も認められ、縁側を持つ建物であったことがわかります。主郭を限る南辺の石塁まではわずか四〇㎝しか離れておらず、この建物が主郭の南部に偏って建てられていたことがわかります。

鎌刃城では、主郭の北辺と北端曲輪で虎口遺構が検出

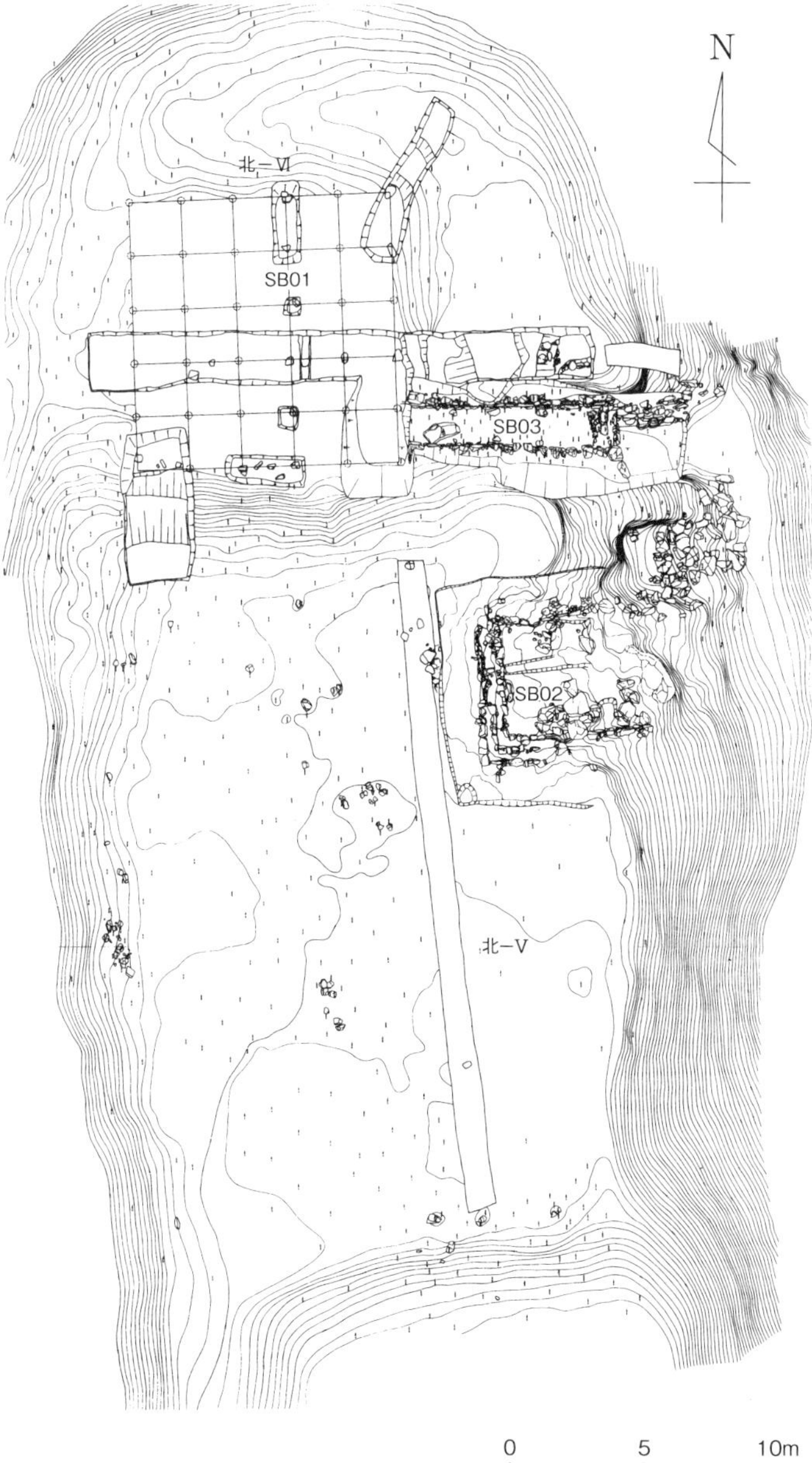

鎌刃城礎石建物測量図（米原市教育委員会2006『米原町内中世城館跡分布調査報告書』による）

されましたが、方形の枡形状虎口の前面から門の礎石も検出されています。主郭北辺虎口の門跡の礎石は四個あり、門の鏡柱を据えたものと、控柱を据えたもので、その形状から薬医門であったと見られます。鏡柱の心々で二・四m（一・二間）を測ります。北端曲輪虎口の門跡ＳＢ０２の構造も同様のものでしたが、鏡柱を据えた一方の礎石がすでに失われていたために正確な柱間は不明ですが、二間程度であったようです。

　なお、櫓となる建物が半地下式構造となりますが、この壁となる土塁が東辺で断ち割られ、地下室へ通じる通路が設けられていましたが、その通路内で三個ずつ壁面直下の両側に配した礎石建物ＳＢ０３が検出されました。幅一・二五mと極めて狭い通路内に設けられた門の礎石ではないかと考えられます。

　このように鎌刃城では、検出された建物が全て礎石建物であったことがわかりました。

鎌刃城主郭で検出された礎石建物

鎌刃城主郭虎口で検出された門の礎石

太尾山城

　同じく米原市の太尾山城では、二ヶ所から櫓と考えられる礎石建物が検出されています。太尾山城はＪＲ米原駅の東側にそびえる標高二五四mの太尾山の山頂に構えられた山城で、北城と南城という二城から構成されていますが、両城間には自然地形がそのまま残されており、軍学にいう「別城一郭」構造となります。

　南城の主郭は中央で一段高く方形の土壇を削り残して曲輪としています。この曲輪から東西二間、南北三間の礎石建物が検出されています。曲輪は東西一〇m、南北一二mという極めて小規模な土壇であり、礎石建物がその中央に配されていることより物見櫓として築かれたも

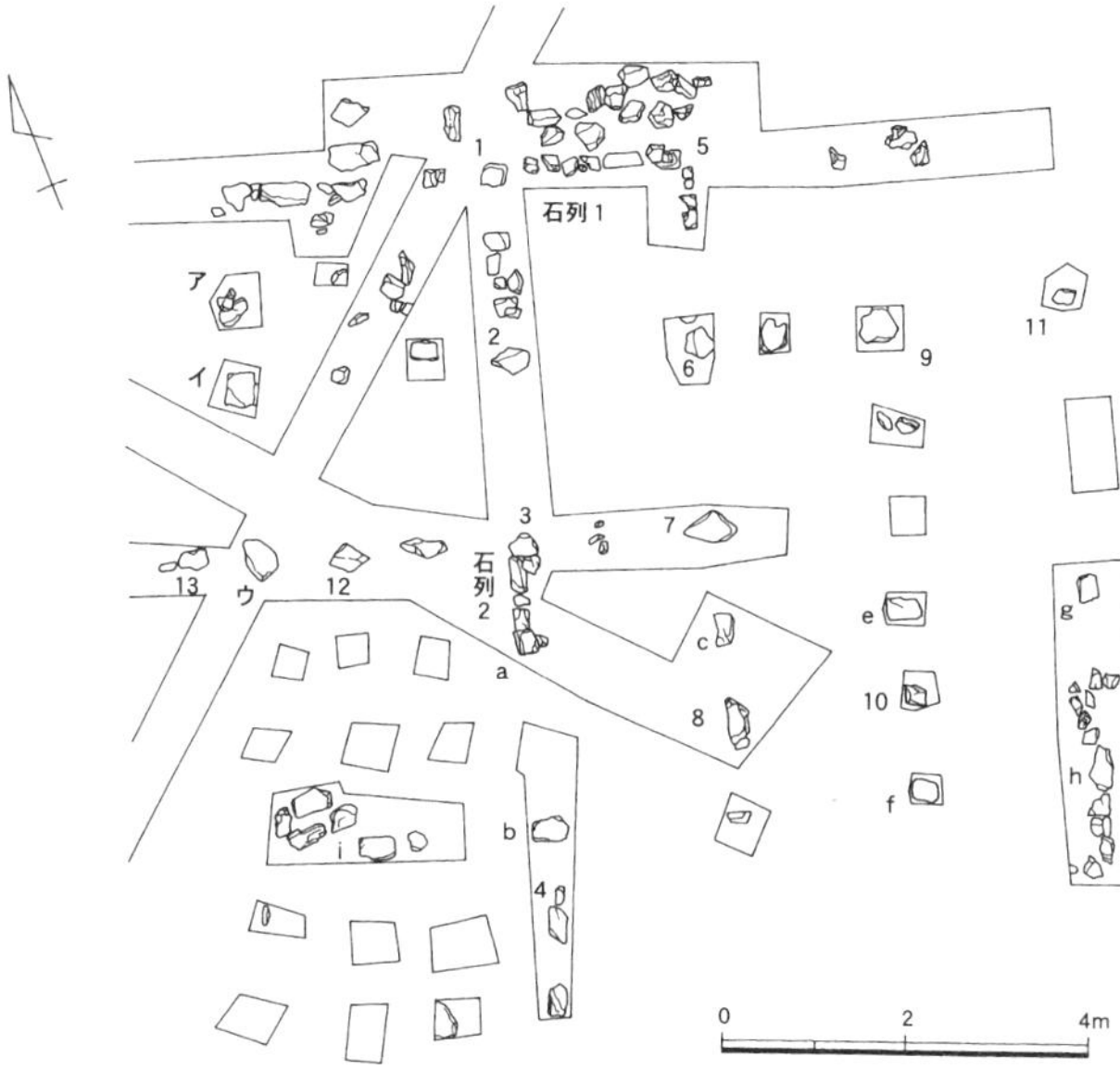

太尾山城北城礎石建物平面図
（米原市教育委員会2006『米原町内中世城館跡分布調査報告書』による）

のと考えられます。

南城では、主郭の北側に土塁によって囲まれた長大な副郭が構えられており、そこで柱間一間を六尺五寸とする、東西四間、南北四間規模の礎石建物が検出されています。この礎石建物は北端部に石列が設けられるとともに、建物を区画する溝も検出されました。この溝からは建物で使用されたとみられる土師器皿が大量に出土しています。

北城では、北端部に突出した土塁囲いの曲輪から礎石建物が検出されています。土塁の内側直下より礎石が検出されており、鎌刃城と同様に土塁内側を壁面に利用した建物であったようです。その規模は東西四間半以上×南北三間半以上を測り、柱間一間は六尺五寸を測ります。ただ、その構造は単純な総柱建物になるのではなく、西側で半間、南北では一間、一間、半間、一間となっており、やや複雑な構造を呈しています。倉庫的な施設と考えられなくもないのですが、この建物の検出された曲輪は太尾山城の最北端に位置する、敵への最前線にあたる部分として、防御的には最も重要な場所であることから櫓を想定したいと思います。

太尾山城北城で検出された礎石建物

　ところで、太尾山城の櫓では大変興味深い史料が残されています。『大原観音寺文書』のなかに、「太尾門矢蔵之用、上野より材木三本召寄候」と記された文書があり、太尾山城の門、櫓の作事ではわざわざ用材を上野から取寄せられていたことがうかがえます。上野とは現在の米原市上野と考えられます。

水茎岡山城

　水茎岡山城は、京都を追われた将軍足利義澄を迎えるために九里高雄、伊庭貞説らによって永正五年（一五〇八）に築かれました。六角氏との抗争により永正十七年に落城し、それ以後使用されていないことより、発掘調査で検出された石垣は滋賀県でも最古の石垣として注目されています。この石垣によって形作られた曲輪から六棟におよぶ礎石建物が検出されました。

　曲輪は、中央よりやや東側で石組の溝によって区画され、溝より東側で五区画からなる建物群と、溝より西側で一棟が配されていました。主屋ＳＢ１は南北棟で二間×四間規模と想定され、西側に階段を設けて出入口としていたようです。この主屋の南側に東西二間、南北一間半の副室ＳＢ２が構えられていました。さらに、ＳＢ２の西側に東西二間半、南北一間半の礎石建物ＳＢ３が付属しており、ＳＢ３は北側中央に出入口が確認されました。これら三棟の建物がL字状に配置されていたことがわかりました。ＳＢ３の北側には半間×一間の小室ＳＢ５が付属していますが、規模が小さく建物となるか否かは不明です。ところで、ＳＢ１の北側には礎石は認められませんが、遺構面に小砂利の敷かれた個所があり、ここに建物ＳＢ４の存在していたことがうかがえます。

　石組溝は、これら五棟の建物の西辺を限るように設けられていることより雨落溝として機能していたようです。この石組溝の西側は遺構が希薄であり、枡溜めが

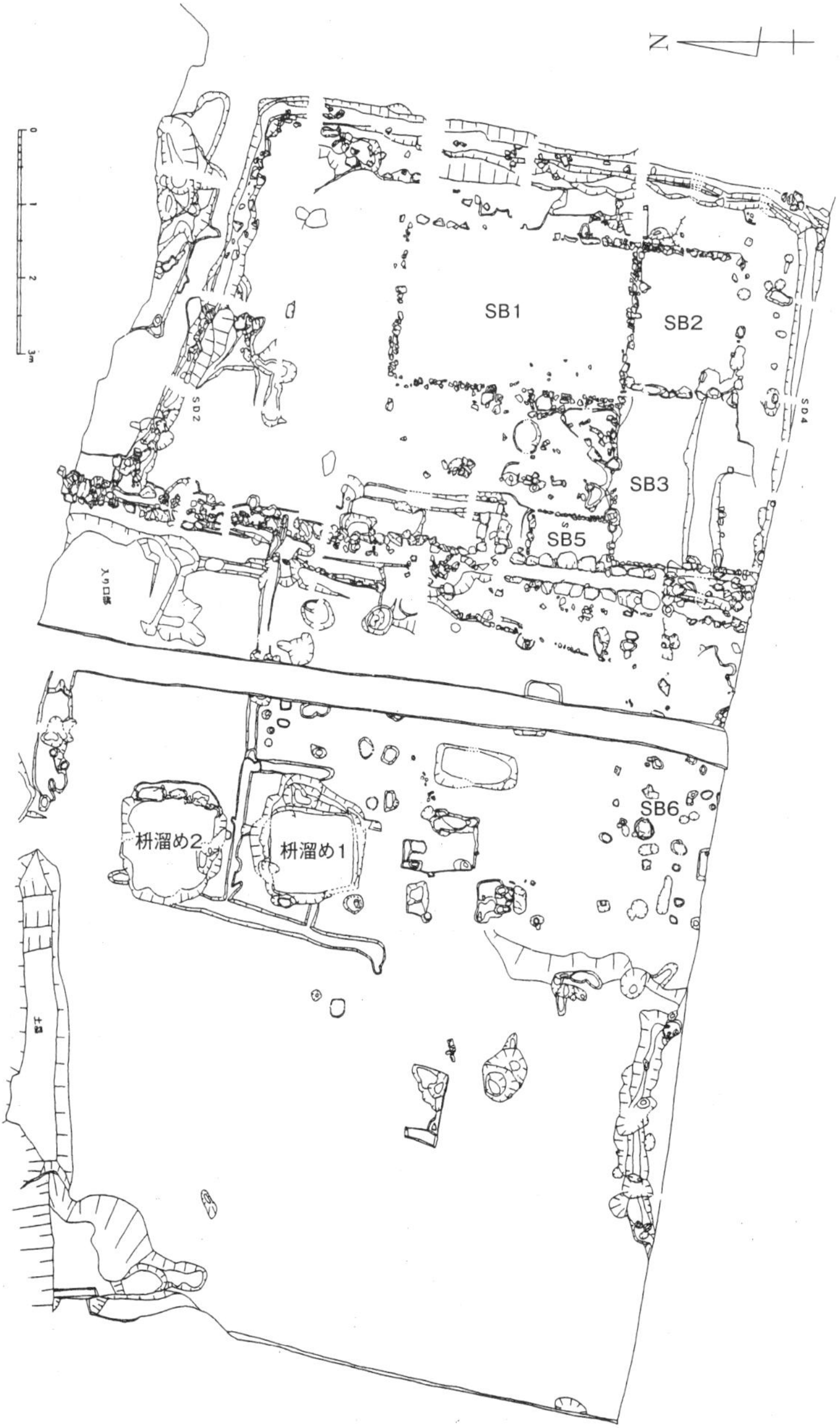

水茎岡山城礎石建物平面図（滋賀県教育委員会1981『岡山城跡発掘調査報告書』より 滋賀県提供）

二ヶ所に配される以外はほとんど遺構が認められません。広場として利用されていたものと考えられます。その南端で三間×一間以上の礎石建物ＳＢ６が検出されています。この建物は北、東、西に半間の庇を持つ建物で、東側の主屋ＳＢ１とは渡り廊下で結ばれていたようです。

検出された曲輪は、ちょうど頭山（本丸）と素山（二の丸）の鞍部にあたり、古くより将軍の居館のあった場所と想定されていましたが、検出された建物の配置などからもここが将軍の居館であった可能性は高いようです。

足利将軍を迎えるために築かれたという特殊な事情での築城ですが、永正五年に山城に居住施設を構えたこと、さらに、その建物を礎石建ちとしたことは、先駆的な事例として評価すべきものです。

観音寺城

観音寺城は、近江守護佐々木六角氏頼によって南北朝時代に築かれ、以後六角氏の居城となりました。その構造は標高四三一ｍの繖山全域に曲輪を構えた全国でも最大級の山城で、特に安土築城以前に石垣を導入した城として注目されています。この観音寺城の中心部分、本丸、平井丸、池田丸で発掘調査が実施されており、いずれの曲輪からも大規模な礎石建物が検出されています。

本丸では、西側に集中して建物が配置されており、少なくとも七棟の礎石建物が検出されています。その中心となるのがMa４とされる建物で、三面庇の付く主屋と考えられます。この北側にMa２、Ma３が並列して構えられており、西側背後にはMa５と基壇が構えられていました。Ma２、Ma３は副屋的な建物で、Ma５は他の礎石建物とは大きく異なり柱間一間が非常に狭く、東西方向ではわずか六〇㎝でした。隣接して基壇が検出されており、ここからは塼や瓦が出土しており、この二棟は仏堂であったようです。本丸北東端で検出されたMa１は薬師口見付へ通じる城道に構えられた門で、本丸南東端のMa６は倉庫とそれぞれ考えられます。

本丸の南一段下に構えられた平井丸は、観音正寺の墓地となっており、発掘されたのは北端部のみでしたが、ここからはHa１とされる礎石建物が一棟検出されました。六間×三間規模の建物で、同時に検出された庭園に突出して構えられていることより、会所的な建物であっ

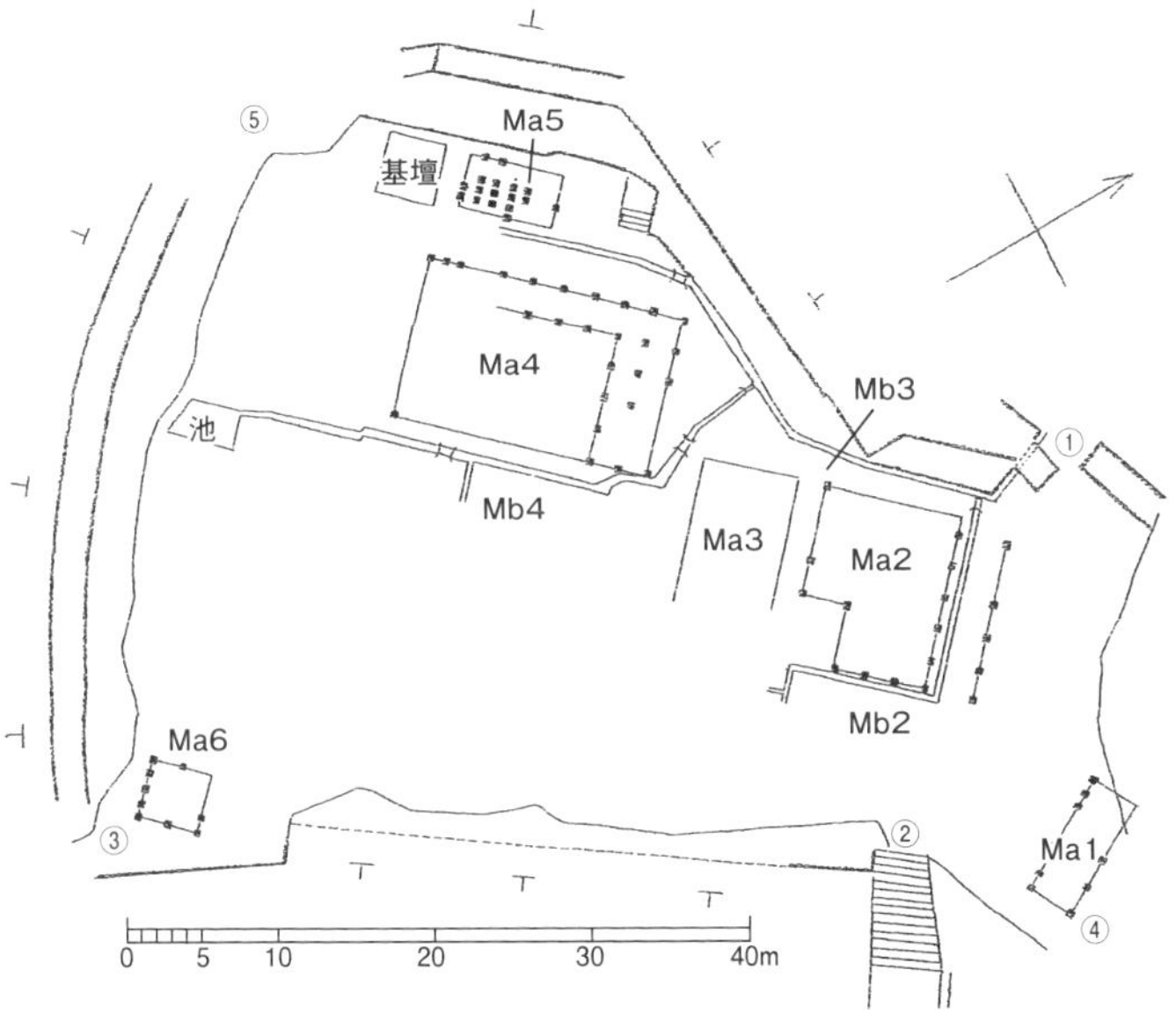

観音寺城本丸礎石建物模式図
（滋賀県教育委員会1971『史跡観音寺城跡整備調査報告書』より 滋賀県提供）

たと思われます。

本丸から南へ延びる尾根の先端が構えられた池田丸からは、大規模な礎石建物が七棟検出されています。Ia2とIa4は並立して構えられた大型の礎石建物で、常御殿であったと見られます。Ia1、Ia5、Ia6はいずれも小規模な総柱の礎石建物で、倉庫と見られます。北側で検出されたIa7は平面が方形とはならず、複雑な構造となる建物であったようです。これら池田丸で検出された礎石建物は方向軸が統一的でないこと、礎石の高低差にもばらつきがあり、一時期に造営されたものではなく、数次におよぶ建替えのあったことを示しています。

観音寺城池田丸の現状

小谷城

小谷城は、大永三年（一五二三）の梅本坊公事事件を契機に湖北の国人のリーダーとなった浅井亮政によって同五年頃までに築かれました。標高四九五ｍの大嶽に築かれましたが、この高さは土豪、国人クラスの領主が詰城を構える高さとは考えられません。六角氏の観音寺城や京極氏の上平寺城といった守護、戦国大名が構える山城の高さです。小谷築城は京極氏に替わって湖北の支配者となった浅井氏の独立宣言と捉えることができます。

通常戦国時代の城郭構造は、普段の居住施設である居館と、その背後に防御施設として築かれた山城という二元的構造となっています。ところが、小谷城の場合、山麓の清水谷居館と山頂の大嶽に加えて、その中間に本丸・大広間地区を設けるという三元的な構造となっています。この本丸・大広間地区で発掘調査が実施され、大広間では曲輪全域を占める大規模な礎石建物が検出されています。残念ながら建物の構造や配置状況、棟数などを正確に復元することはできませんが、残されていた礎

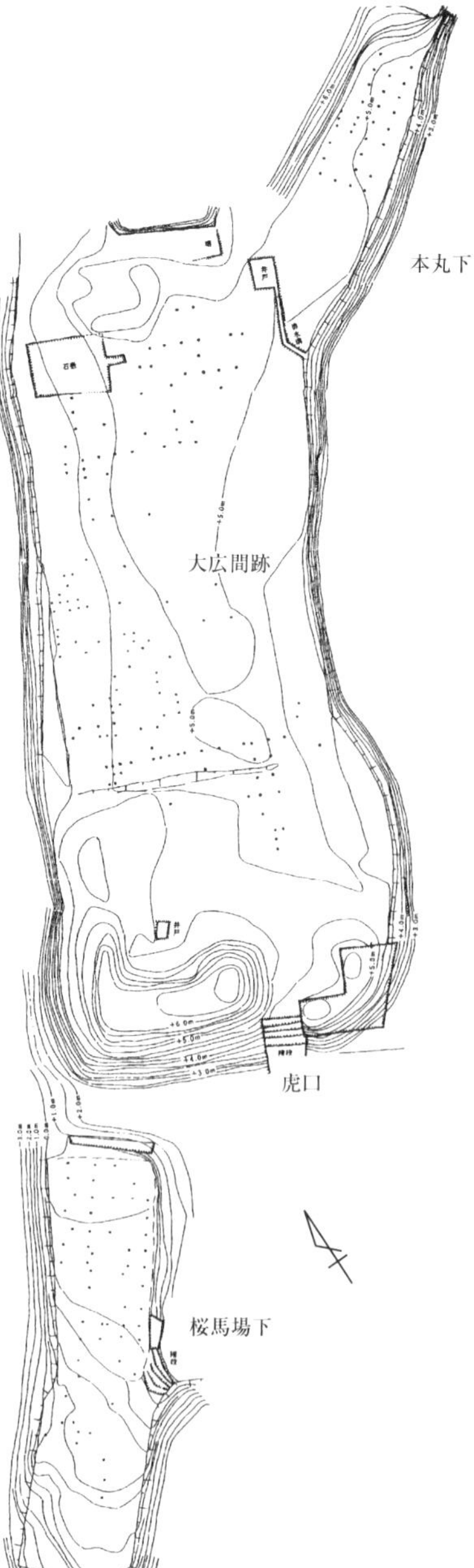

小谷城大広間礎石建物測量図（湖北町教育委員会1976『史跡小谷城跡環境整備事業報告書』による）

石の分布状況より少なくとも三棟以上の建物が廊下によって結ばれていたようです。その規模より小谷城の山上における居館施設であったことは確実です。なお、柱間一間が六尺三寸と、他の滋賀県で検出された礎石建物の柱間よりも短い寸法で建てられていることがわかっています。

　大広間の北東部、本丸直下からは八間×三間の礎石建物が検出されています。建物背後には本丸の切岸が屏風のようにそびえており、冬季の寒風を遮るため、冬場の居所としては絶好の建物です。

　大広間より南に一段下がった桜馬場下からも、曲輪全域から礎石が検出されています。報告書では東側に二間×十間以上、西側に一間×十間以上の二棟の建物が並立していたとしています。さらに、そうした長大な構造より東側の建物を馬屋に、西側の建物を馬を管理する城兵の住居に想定しています。しかし、山城に馬が飼われていたかは疑問であり、むしろ一棟の建物と想定すべきでしょう。

小谷城大広間の現状

　本丸は、二段から構成されており、そのいずれからも礎石建物が検出されています。ここでは軒下の葛石よりも二〜三〇㎝も低い位置で礎石が検出されており、単純な礎石建物ではなく、掘立柱の柱穴の底部に据えられた根石と考えられます。しかし、その構造や規模は確認されていません。なお、京極丸、小丸、山王丸、御馬屋からも礎石と思われる河原石が検出されましたが、それらの規模、構造まではわかっていません。

清水山城

清水山城は、佐々木氏の庶流で、高島郡を本拠とした高島七頭の惣領家である越中氏の居城と考えられています。しかし、清水山城を記した史料は一切なく、謎の山城です。

　この清水山城の主郭北西部で、礎石建物が検出されま

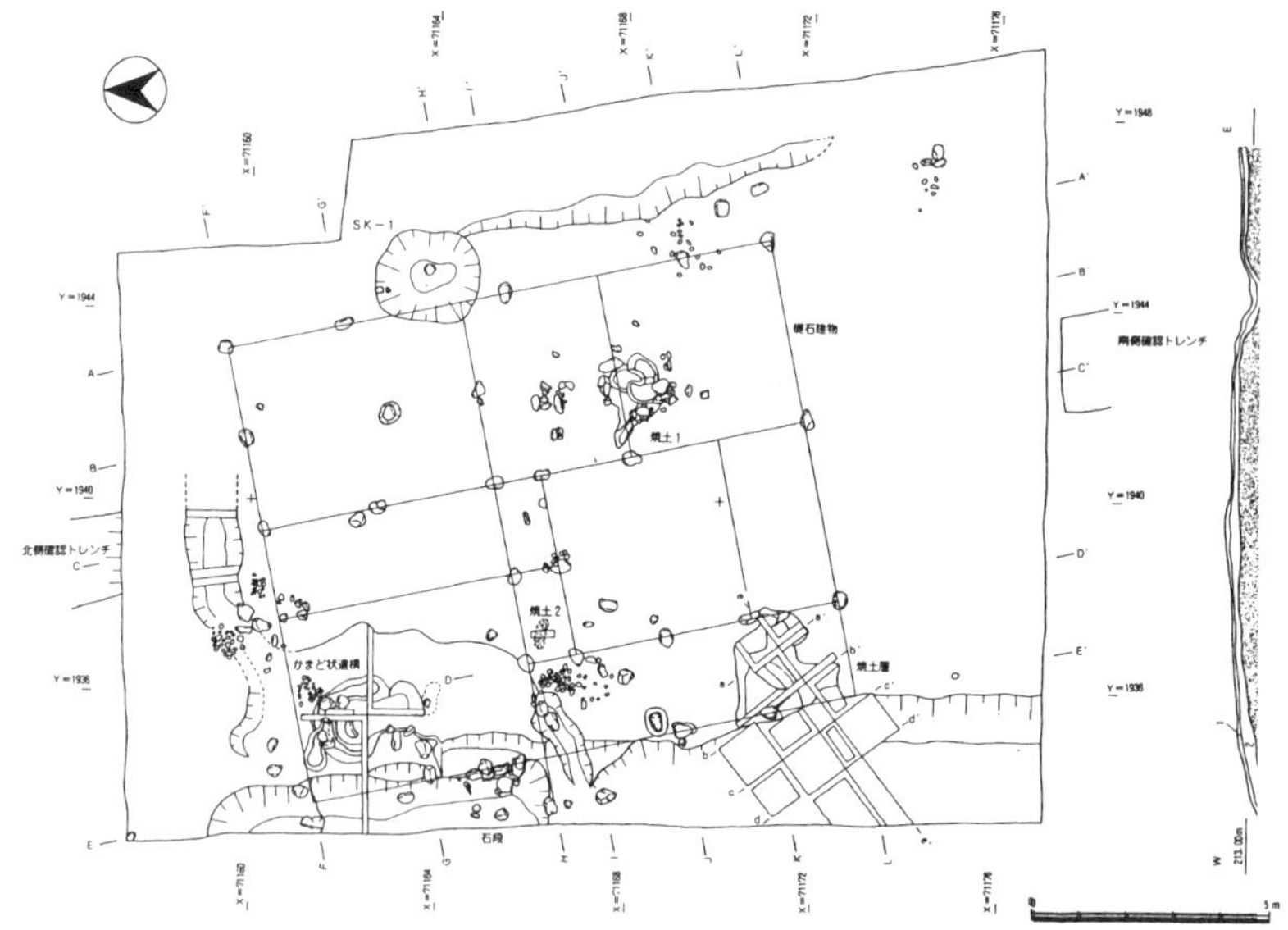

清水山城主郭礎石建物平面図
（新旭町教育委員会2001『清水山城遺跡発掘調査報告書』より 資料提供：高島市教育委員会）

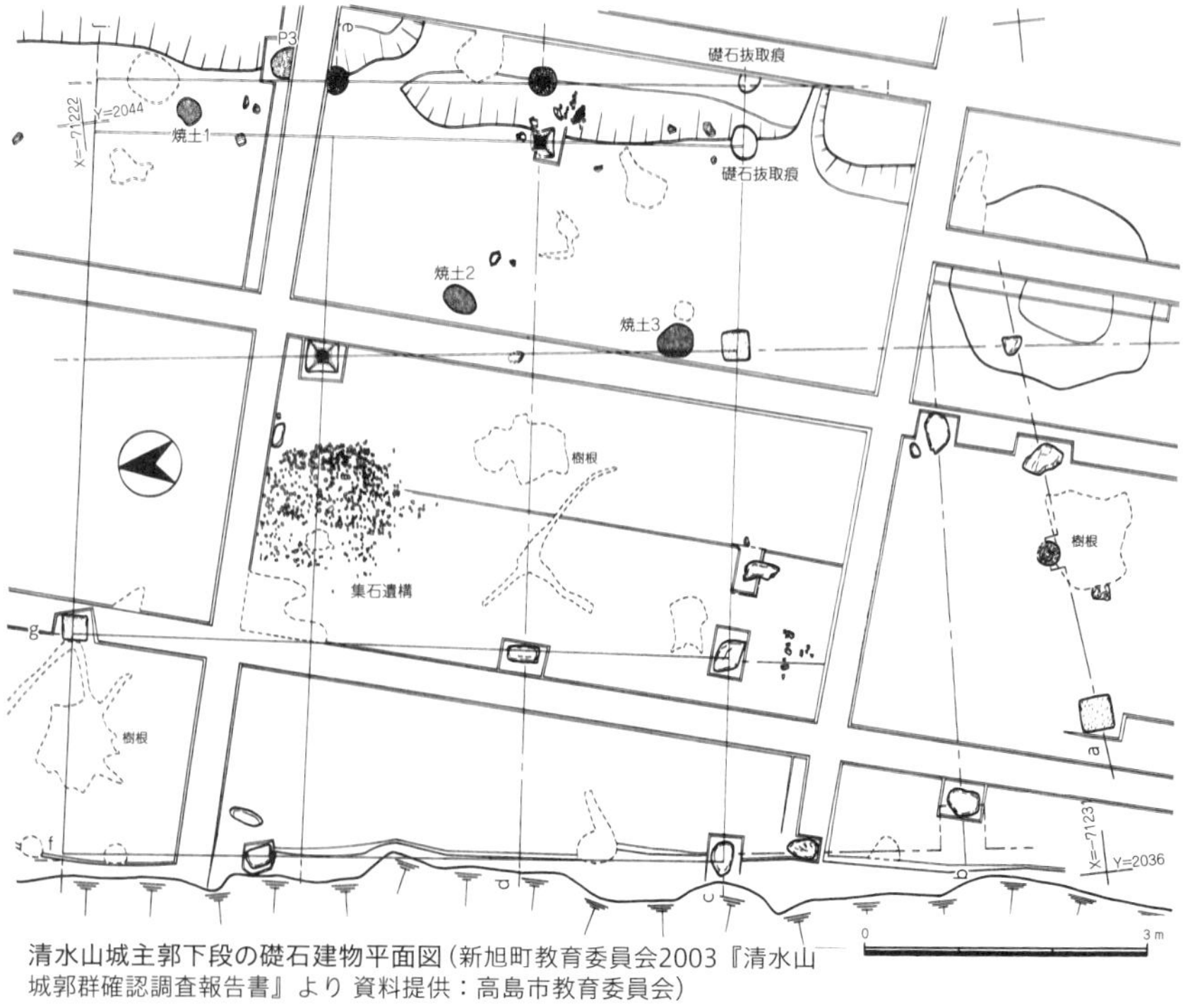

清水山城主郭下段の礎石建物平面図（新旭町教育委員会2003『清水山城郭群確認調査報告書』より 資料提供：高島市教育委員会）

清水山城主郭の礎石建物の現状

した。建物の規模は六間×五間で、柱間一間が六尺四寸を測ります。観音寺城や鎌刃城の六尺五寸と、小谷城の六尺三寸の中間の寸法で造営されており、大変興味を引きます。礎石の配置から倉庫のような建物ではなく、内部にいくつかの部屋を持つ住宅建物であったと考えられます。特に注目されるのは建物の北半分の西側でカマドが検出されたことです。建物は南北で大きく様相を異にしていることより、北半分は台所と配膳室または遠侍となり、南半分は床間を持つ上段間と納戸、次の間からなり、北面を除く三面に落縁がまわっていたものが復元できそうです。

主郭を一段下がったところに、南東に伸びる尾根があり、五段に削平した曲輪群を配置しています。その北端の曲輪1からも礎石建物が検出されています。礎石は上面で高低差のあることや、方位にズレのあることから時期差のある二棟の建物が認められ、報告書では三間四方の建物で、東面に二尺幅の縁のつく建物を想定しています。この建物からは合計十八個の礎石が検出されていますが、そのうち二個は五輪塔の火輪を、三個は水輪を、三個は地輪を転用していました。

小川城

小川城は、甲賀市信楽の南端、山城国境近くの標高四七〇mの城山に築かれています。古くより鎌倉時代に鶴見伊予守が築いたとの伝承を持つ城ですが、発掘調査の結果、十六世紀後半の遺物が出土する戦国時代後半の山城であることが判明しました。築城者についても鶴見氏ではなく、戦国時代に信楽周辺を支配した多羅尾氏によるものと考えられます。

城は、山頂部にほぼ一直線上に曲輪K-4、K-3、K-2、K-1、K-5、K-6が配されています。そのなかで中心となるのがK-1です。礎石建物はK-1、K-

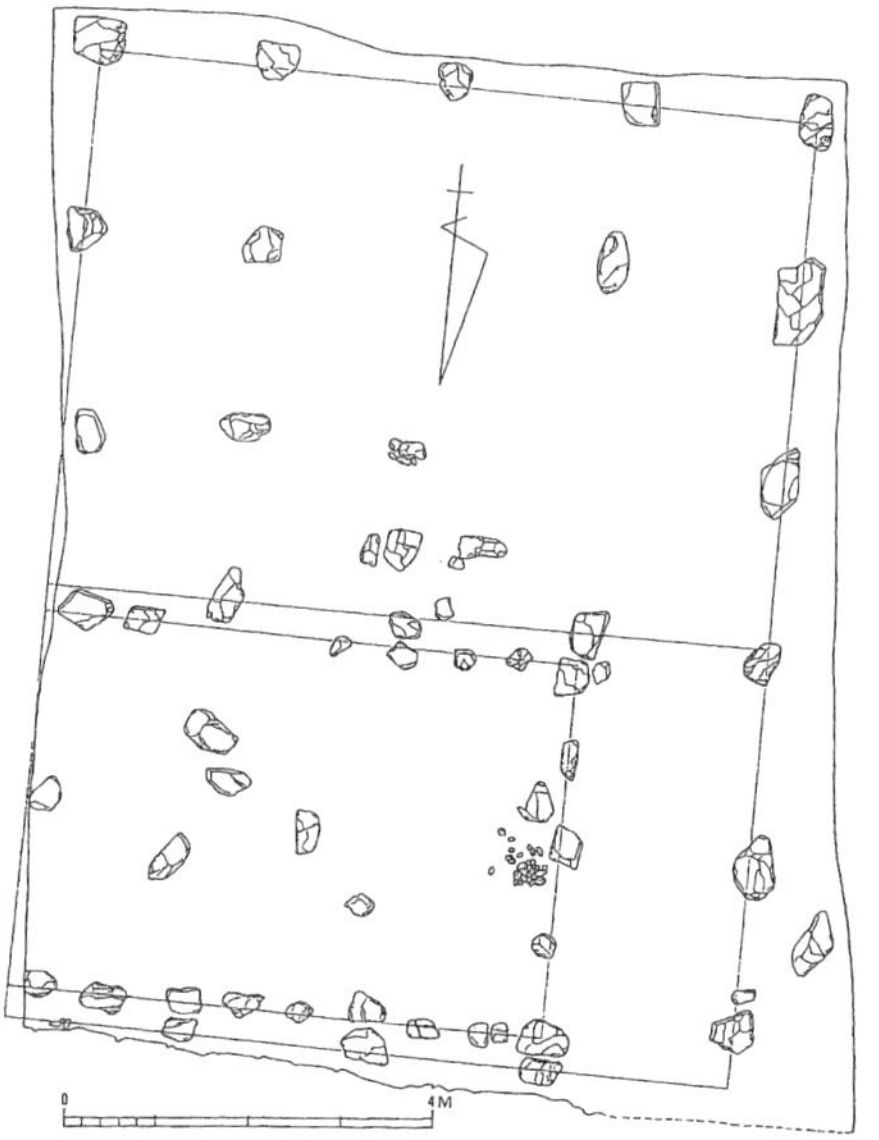

小川城主郭礎石建物平面図（信楽町教育委員会1979『小川城跡発掘調査報告書Ⅱ』による）

3、K‐5で検出されています。K‐1では四方に巡らされた土塁直下で南北五間、東西四間となる礎石建物が検出されていますが、その内側の北側に東西三間、南北二間の礎石建物が内蔵される特異な建物であったようです。なお、内側の建物には束柱を細かく入れたり、スサ入りの壁土が大量に出土していることから土倉であったと見られます。

K‐3は、トレンチ調査であり、検出された礎石建物の全貌は不明ですが、五間×三間規模の建物となるようです。K‐5でも規模、構造は不明ですが礎石建物が検出されており、小川城の建物はすべて礎石建物で構成されていたようです。

おわりに

近江では、十六世紀の中頃より石垣とともに建物に礎石を導入したことが発掘調査によって明らかとなりました。特に、注目されるのは山城の中心部に大規模な礎石建物を造営していることです。戦国時代の山城は戦うための詰城であり、居住空間は山麓に構えられていました。しかし一部ではこうした大規模な礎石建物の存在より山上でも生活していたことが明らかとなりました。

さらに、小谷城では大広間から約三万七千余点にもおよぶ遺物が出土しており、そのうち九六・四七%がかわらけと呼ばれる土師器皿であり、山上の大広間において饗宴が頻繁におこなわれていたことを示しています。あるいは長政の妻お市も清水谷ではなく、山上の大広間で暮らしていたことは充分に考えられます。また、清水山城で検出された礎石建物は厨房施設を伴う建物であり、山城での居住を一層明確に示しています。

京より東国へ向かった連歌師谷宗牧は、観音寺城で約一ヶ月逗留しますが、そのことを綴った『谷宗牧東国紀行』には、「観音寺衆下山」と、山城に住んでいたことを記しています。また、観音寺城の御殿について、「座敷は御二階」と重層建築の存在を記しています。

こうした礎石建物の造営には番匠が関与していたことは明らかですが、なかでも柱間の相違は関与した番匠の違いを示しているのではないかと考えられます。観音寺城、鎌刃城では一間六尺五寸を採用し、小谷城では六尺三寸を採用しています。これは京との関わりのある番匠が京間の六尺五寸を採用し、そうでない保守的な地方の番匠が六尺三寸を採用したものと考えられます。また湖西の清水山城が六尺四寸であったことは、その中間をとる特異な例であったようです。

さて、十六世紀半ばの山城では居住施設として礎石建物の造営されたことが明らかとなったのですが、どの城からも瓦は出土しておらず、屋根は瓦葺きではなかったようです。屋根構造は檜皮葺、草葺、柿（こけら）葺、板葺、杉皮葺などが想定されます。小谷城の大広間では全域に石塊が散乱していたことより、これは板葺屋根に置かれた置石とも想定されます。

天正四年（一五七六）、織田信長によって築かれた安土城では山城部分の本丸で大規模な本丸御殿が造営されました。さらに、天主や櫓、城門など城郭の建物のほとんどが礎石建物となります。これらも石垣と同様に決して安土城で突然出現したのではなく、戦国時代の山城で試行錯誤されながら安土城へ導入されたわけです。

第三章　信長時代の近江の城郭

はじめに

次に、織田信長時代における近江の城郭について紹介したいと思います。信長は永禄十一年（一五六八）の上洛にともない近江に侵攻します。当初は通行について六角氏に許可を求め、平和的に通行するつもりだったようですが、六角氏側がこれを拒否したために、力づくでの通行となりました。六角義賢、義治父子は箕作山城、和田城が一夜にして落城すると観音寺城を放棄して甲賀へ逃れます。その結果、岐阜〜京都間の街道は確保されました。

しかし、元亀元年（一五七〇）に湖北の戦国大名浅井長政が叛旗をひるがえすと、延暦寺や六角義賢らがそれに呼応します。こうした近江における戦いを元亀争乱と呼びますが、信長にとっては最大の危機的状況となります。戦場となった近江には信長やその配下によって城が構えられました。

比叡山の焼き討ち、小谷城攻めの後は近江に重臣たちが築城を開始し、天正四年（一五七六）には自らの居城として安土城の築城を開始します。

今回は、こうした近江における信長の城を陣城という合戦に備えた臨時的な城郭と、配下が築いた居城という領国支配の拠点となった城郭の二つの観点から紹介したいと思います。

合戦に備えて築かれた陣城

織田信長と、浅井長政・朝倉義景との戦いの場となった近江では両軍が陣として築いた臨時的な城郭の遺構が現在も残されています。これまでは安土城などの有名な城に隠れてほとんど顧みられることはありませんでした。ここでは信長によって築かれた陣城のいくつかを紹介したいと思います。

宇佐山城

『多聞院日記』永禄十三年（一五七〇）三月二十日条に、「今度、今道北・ワラ坂南、此ノ二道ヲトメテ、信長ノ内、森ノ山左衛門用害ヲ築キ、此ノフモトニ新路ヲコシラエ、是へ上下ヲトオス」とあります。この用害が宇佐山城です。記録からは信長が家臣の森三左衛門可成に命じて今道越（山中越）と逢坂越を封鎖し、新たに敷設した道路を確保する目的で築かれたことがわかります。

築城直後に浅井長政が離反したため、湖南方面には宇佐山城に森可成、永原城（野洲市）に佐久間信盛、長光寺城（近江八幡市）に柴田勝家、安土城（安土町）に中川清秀を配して浅井・朝倉軍の南下を阻止しました。六月には姉川合戦で両軍を打ち破りましたが、八月には浅井・朝倉軍が湖西を南下し、坂本まで進出します。志賀陣の勃発です。宇佐山城を守備していた森可成は浅井・朝倉軍の南進を阻止するため城を出て坂本で戦いますが、九月二十日に討死にします。『信長公記』によると、「宇佐山の城端城まで攻め上り、放火」されましたが、「堅固に相拘え」られていたので、かろうじて落城は免れたようです。

宇佐山城石垣

宇佐山城攻撃の知らせを受けた信長が坂本に駆けつけると浅井・朝倉軍ははちが峯、あほ山、つぼ笠山に陣取ったため、信長は宇佐山城に陣を据えて対陣します。この対陣は長期化したため朝廷の仲介によって和議が整い両軍は志賀陣より撤退しました。

宇佐山城は、翌元亀二年（一五七一）の比叡山焼き討ちに際しては明智光秀が在番し、その本陣として機能していたようです。比叡山の焼き討ち後、滋賀郡は明智光秀に与えられます。光秀は宇佐山城を廃して、支配の拠点として新たに坂本城の築城を開始します。

宇佐山城は、近江神宮の背後、標高三三六ｍの宇佐山の山頂に構えられています。現在ＮＨＫのアンテナが設置されているので遠方からもよくわかります。城は南北に伸びる山頂尾根筋に約一七〇ｍの規模で築かれており、南方に本丸（図のⅠ）と二の丸（図のⅡ）が、北方に大きな鞍部を隔てて三の丸（図のⅢ）が位置しています。本丸はアンテナによって大きく破壊されていますが、北側の鞍部に対して切岸の中段には石垣によって築かれた塹壕状の武者隠し（図のｂ）や、切岸面の石垣がよく残されています。また発掘調査によって検出された二の丸からの虎口（図のａ）は枡形状の構造となっています。二の丸と本丸間には貯水槽とされる凹部がありますが、これは本丸と二の丸間に設けられた空堀と考えられます。二の丸の南東下方には長さ一八ｍにおよぶ見事な石垣が残されています。

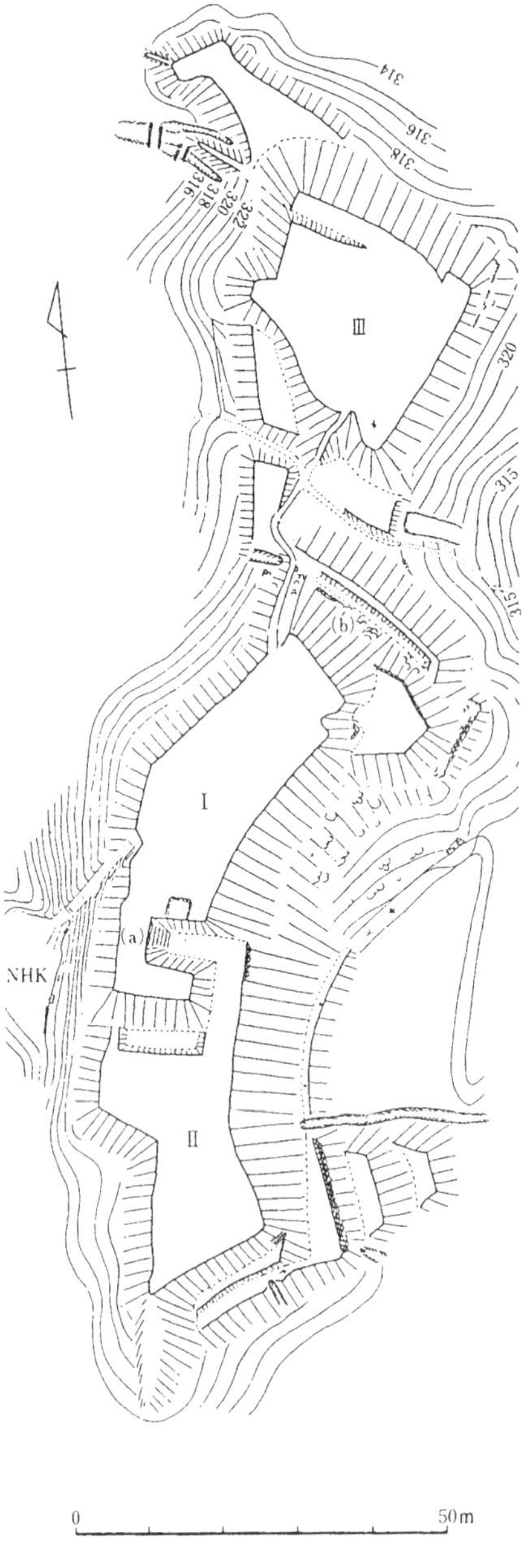

宇佐山城概要図（中井均作図）

一方、本丸との間を鞍部によって隔てられた三の丸でも東側切岸面には石垣が残されています。こうした状況から築城当初はコンパクトながら城域全体を石垣によって築こうとした画期的な築城であったことがうかがえます。永禄十三年の築城段階でこうした石垣が築かれたのであれば安土築城の六年前となり、近江における信長の石垣としては最も古い段階のものとして評価されます。しかし、信長の陣城に石垣を用いた事例はなく、現存する石垣は元亀二年（一五七一）以降に明智光秀によって築かれた可能性もあります。

井元城

元亀四年（一五七三）四月、甲賀に遁走していた六角義賢、義治父子が突如鯰江城に入城して籠城します。これは浅井・朝倉軍に呼応した軍事行動でした。『信長公記』によると、「鯰江の城に佐々木右衛門督籠らる。攻衆人数　佐久間右衛門尉・蒲生右兵衛大輔・丹羽五郎左衛門尉・柴田修理亮、仰付けられ、四方より取詰め付城させせられ候。」とあり、信長軍は鯰江城攻めに際して付城を構えていたことがわかります。付城とは攻城戦に構えられた陣城のことです。しかし付城とは非常に臨時的な施設であり、その痕跡は残されていないと考えられていました。

ところが、滋賀県中世城郭分布調査によって愛知川の河岸段丘上でこれまで知られていなかった城が確認されました。それが井元城です。多くの城館は何らかの伝承が地元に残されています。また、小字などの地名にも城の痕跡が伝えられています。しかし発見された井元城にはそうした伝承や地名は一切ありませんでした。

その構造は、段丘の突端に一辺約四〇ｍの方形の曲輪を構え、段丘面以外の三面には空堀を巡らせています。注目されるのはその虎口構造です。虎口の前面に空堀を隔てて小規模な方形の曲輪が配置されています。これは角馬出と呼ばれる防御施設です。馬出を構えることにより虎口への進入を阻止するとともに、城側からは出撃の拠点となりました。馬出は橋頭堡とでも言うべき発達した防御施設として位置付けることができます。特に井元城で注目されるのは、角馬出のさらに前方に同様の方形の小曲輪が設けられていることです。まるで重なり合うように構えられていることから、重ね馬出と呼ばれる防

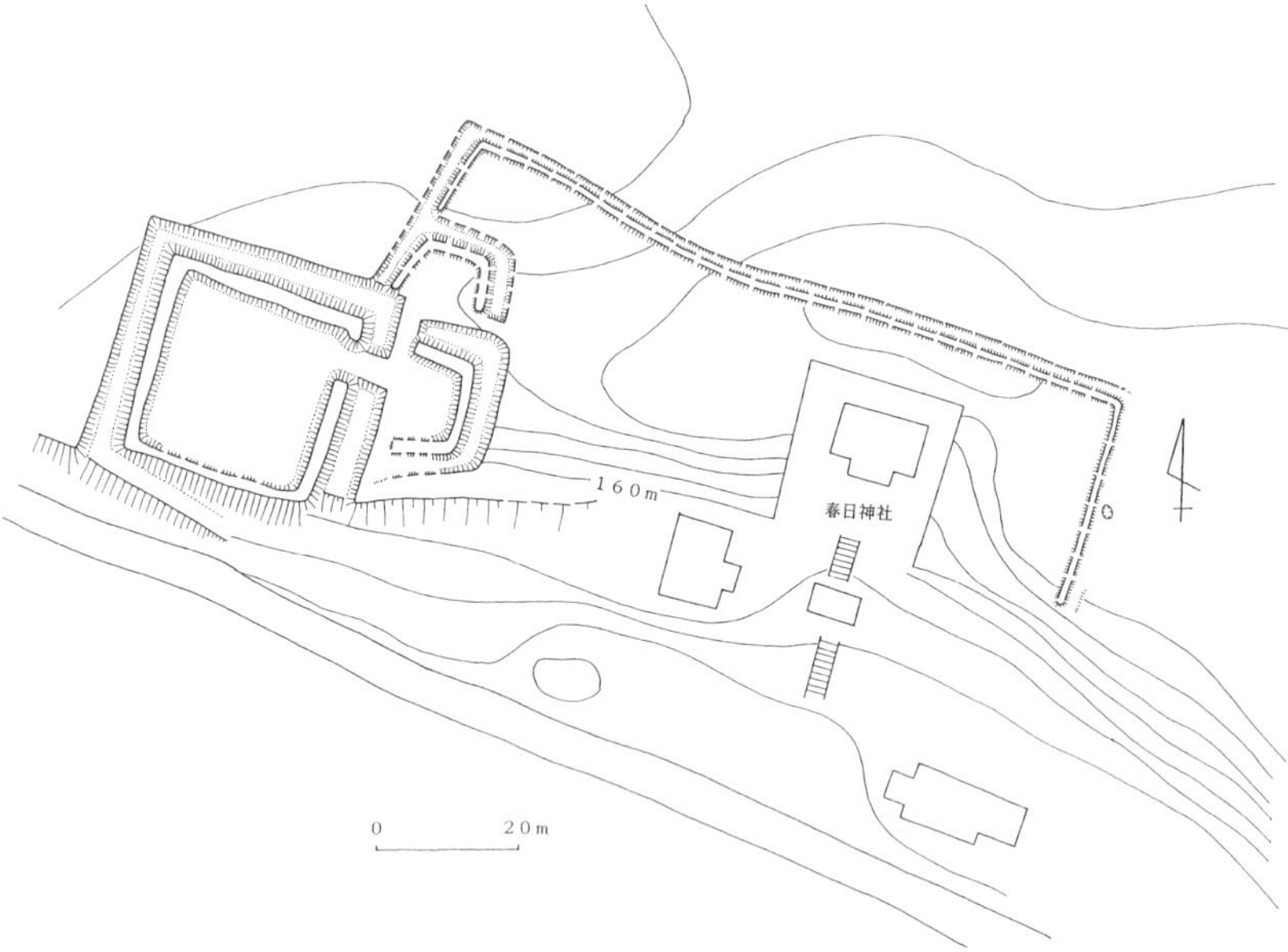

井元城概要図（中井均作図）

御施設で、その実例は全国的にもごくわずかしか認めることのできない貴重な虎口構造です。

こうした虎口は、とても在地の土豪クラスによって築けるものではなく、築城には強力な中央権力の介在したことはまちがいありません。おそらく、井元城こそが鯰江城攻めの際に織田軍によって構えられた付城のひとつであったと考えられます。また、城の東側には小規模ですが土塁と空堀によって区画された広大な空間が存在します。ここは駐屯地であったようです。地元に伝承が残らない城であることからも、こうした外部勢力による臨時的な築城であったことを物語っています。さらに、愛知川段丘には枡形虎口を設けた青山城もあり、これなども付城の候補地と考えられます。

山崎山城

安土城と、佐和山城のほぼ中間に位置する山崎山に構えられた城で、従来は六角氏の家臣山崎氏の居城と伝えられていました。ところが、発掘調査の結果織豊期の石垣が検出され、織田信長によって築かれた城であることが明らかとなりました。

山崎山城で検出された石垣

『信長公記』天正十年（一五八二）四月二十一日条に、

「四月廿一日、濃州岐阜より安土へ御帰陣の処に、（略）山崎に御茶屋立置き、山崎源太左衛門一献進上候なり。」

とあり、山崎山に御茶屋のあったことが知られます。山崎山の直下を通る街道は江戸時代に朝鮮通信使が通行したことより、現在も朝鮮人街道と呼ばれていますが、元来は織田信長によって新たに敷設された道路であり、東山道（中山道）に対して下街道と呼ばれていました。この下街道は山崎山の直下で人為的に折れ曲げられています。こうした街道との位置関係から山崎山城は街道監視を目的に築かれたものと考えられます。さらに、佐和山城と安土城のほぼ中間に位置することより、信長の休憩施設としても利用されていたと思われます。


城は、山崎山の山頂部のほぼ中央に堀切を設け、その東側を城域としています。南面と東面、西面は石垣によって構えられていますが、北面は築城当初より石垣を構えていなかったようです。曲輪は二段からなり、西側が主郭であったと考えら

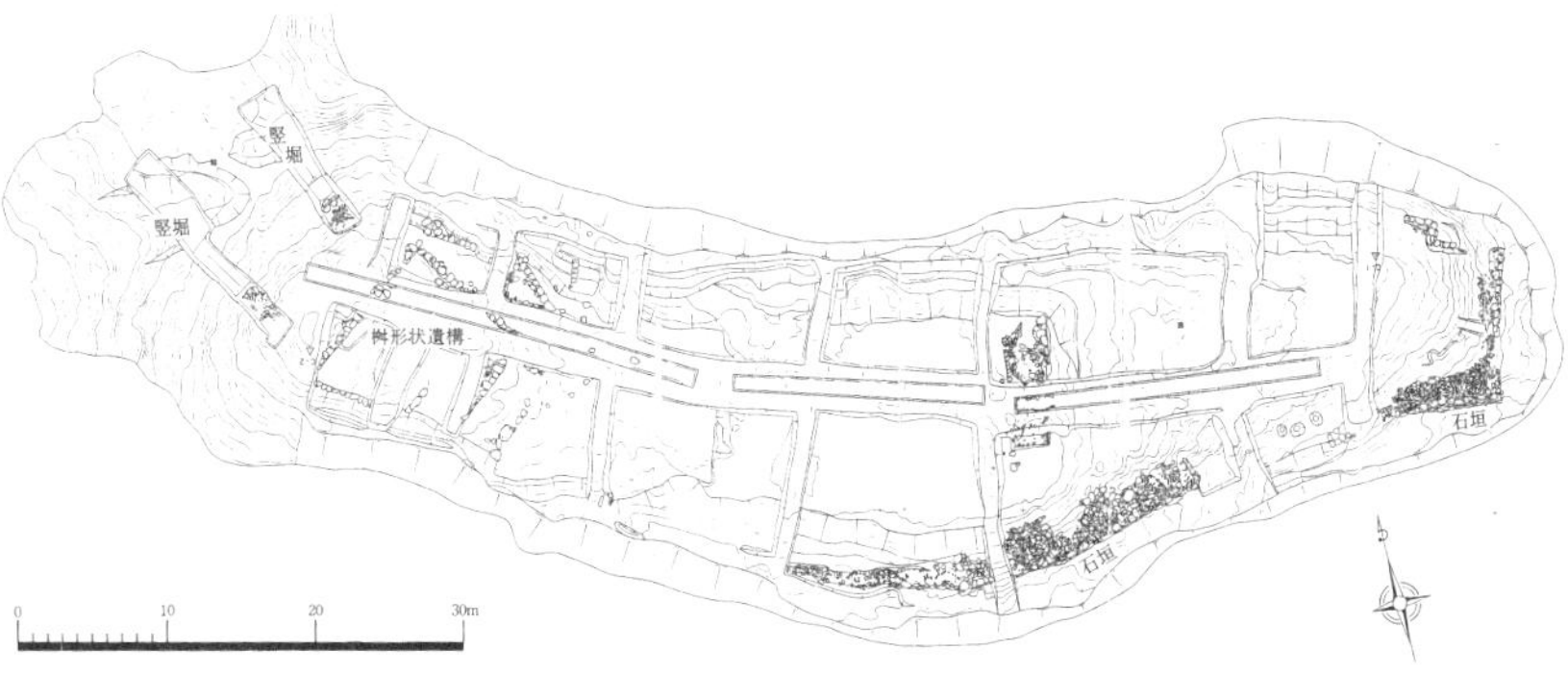

山崎山城遺構平面図
（彦根市教育委員会1998『山崎山城跡整備基本計画報告書』による）

れます。この主郭の東端には石列によって方形に区画された一角がありますが、これは櫓台と見られます。さらに、主郭の西端も石垣によって区画されていますが、これは虎口の枡形ではないかと考えられます。

石垣は、粗割の石材を用い、間詰石を詰めるという野面積技法で、安土城の石垣に極めて類似しています。おそらく、同一工人によって築かれた可能性が高いようです。山崎氏の居城であった山崎山城の立地に着目した信長が石工を動員して築き、築城後はその維持、管理を山崎氏に任せたものと考えられます。

山崎山城は、攻城戦のための陣城ではありませんが、信長の休息施設として構えられた特殊な城郭として注目されます。

近江における信長配下の居城

合戦に伴う臨時的な陣城とは別に、織田信長は有力な家臣に近江支配を任せます。その領国支配の拠点として城郭が築かれます。ここではこうした配下の居城について述べてみたいと思います。

坂本城

元亀二年（一五七一）、比叡山の焼き討ち後、信長は滋賀郡の支配を明智光秀に任せます。光秀は宇佐山城を廃して、湖岸部分に坂本城を新たに築城します。京都吉田神社の神官吉田兼見の日記『兼見卿記』によると兼見は元亀三年（一五七二）正月に坂本城の普請見舞をし、同年十二月には「天主作事」を見物しています。翌年（一五七三）六月には天主の下に立つ小座敷で光秀と会談しており、この頃にはほぼ完成していたと見られます。注目されるのは「天主」の存在です。信長の安土城天主よりも四年も早く天主と呼ばれる城郭建造物が明智光秀によって造営されていたわけです。さらに、『兼見卿記』には天正十年（一五八二）正月に坂本城で催された茶会は「小天主」で行われたとあり、坂本城には大小二つの天主からなる連結型天守が構えられていたようです。そこでは茶会が催される空間が存在したことより、安土城と同様に居住することのできる天主だったようです。

この坂本城について、宣教師ルイス・フロイスは『日本史』のなかで、「大湖のほとりにある坂本と呼ばれる

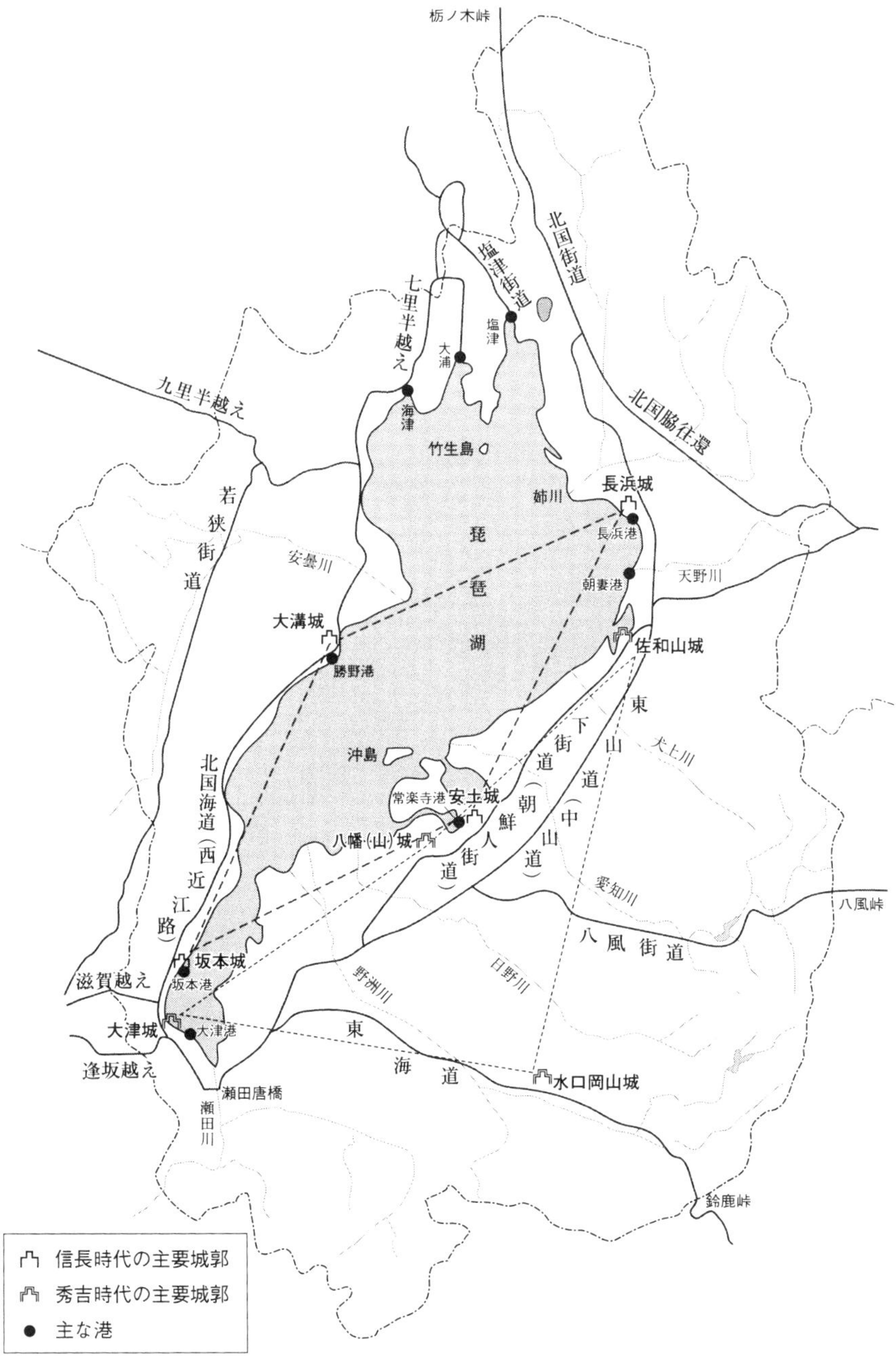

信長・秀吉時代の近江の城郭網（中井均作成）

地に邸宅と城砦を築いたが、それは日本人にとって豪壮華麗なもので、信長が安土山に建てたものにつぎ、この明智の城ほど有名なものは天下にないほどであった」と報告しています。

天正十年（一五八二）の本能寺の変により、坂本城は秀吉軍の堀秀政らによって包囲されます。『兼見卿記』では、「坂本の城の天主に放火すと云々、」とあり、城内より放火して落城しました。その後滋賀・高島二郡が丹羽長秀に与えられると、長秀は早速坂本城の修築をおこないます。その後長秀が越前・若狭・加賀半国を与えられると坂本城には杉原家次、朝野長吉が入りますが、長吉は天正十四年（一五八六）頃に大津城を新たに築城し、坂本城は廃城となりました。

廃城に伴い建材や石材はすべて持ち運ばれ、その痕跡は現在まったく地上に残されていません。城の中心は下阪本三丁目付近と想定され、内堀、中堀、外堀によって区画された本丸、二ノ丸、三ノ丸から構成されていたと考えられています。『天王寺屋会記』によると天正六年（一五七八）正月に坂本城で催された茶会で、「会過テ船ヲ城ノ内ヨリ乗リ候テ」と記されていることから、堀は直接琵琶湖とつながっていたようです。

昭和五十四年に坂本城の中心部と推定される一画で発掘調査が実施されました。現在の下阪本三丁目の旧小字城にあたる場所で、調査の結果五期にわたる遺構が検出されました。このなかのⅡ期に相当する遺構が明智光秀段階のもので、礎石建物四棟、柵一列、井戸一基、溝一本が検出されています。その上層では焼土層を整地して改修した丹羽長秀以降の遺構も検出されています。

湖中に残る坂本城の石垣

出土した遺物には、瓦や瀬戸美濃の天目茶碗や、中国の青花、青磁、白磁などがありました。なかでも注目されるのは大量の瓦です。城郭に瓦を葺く初源は安土城ですが、坂本城では天主と同様、安土城より四年も先行して城内に瓦葺建物の存在したことが明らかとなりました。さらに、出土した三ツ巴紋の軒丸瓦と同笵の瓦が山城国勝龍寺城で出土しています。おそらく、信長による瓦工人の貸与が考えられそうです。

現在、城には痕跡は一切認められませんが、湖岸には胴木を据えた石垣の基底部が残されています。普段は湖水に没していますが、渇水期には湖岸より眺めることができます。

長浜城

天正元年（一五七三）、小谷城が落城すると翌日信長は、「江北浅井跡一職進退に羽柴筑前守秀吉御朱印を以て下され、悉く面目の至なり」（『信長公記』）として、湖北三郡を羽柴秀吉に与えます。秀吉は当初小谷城を居城としますが、同時に新たな拠点として湖岸の今浜に長浜城の築城を開始します。築城と同時に城下町も小谷より移しており、現在も長浜には大谷市場町や、伊部町、郡上町、呉服町といった小谷に残る地名と同じ地名が認められます。さらに、寺院の移転もおこなわれており、長浜城下に所在する知善院は浅井氏時代の小谷城下にあった寺院で、小谷城下の清水谷には知善院という小字が残されています。

本能寺の変後に開かれた清洲会議の結果、長浜城は柴田勝豊（勝家の甥で養子となる）のものとなります。さらに、賤ヶ岳合戦後には城主が置かれず、ようやく天正十二年（一五八四）になり山内一豊に与えられます。しかし一豊は天正十八年（一五九〇）には掛川城に移り、長浜城はまた城主不在時代を迎え、さらに、豊臣秀吉は奉行を派遣して長浜城の天守を壊しています。そして長浜城は廃城となり、代官が置かれるに止まります。関ヶ原合戦後は内藤信成、信正が城主となりますが、元和元年（一六一五）には完全に廃城となります。『井伊年譜』には、彦根築城に際して長浜城の建物や石材を持ち運んだと記されているように、城の痕跡はまったく残されていません。江戸時代に描かれた長浜町絵図から想定すると坂本城と同様に三重の堀で囲まれていたようです。

現在、跡地に建つ長浜城歴史博物館は、模擬天守であり、秀吉時代の天守の姿を復元したものではありません。この建設に先立って発掘調査が実施され、船入りと見られる遺構が検出されており、坂本城と同様に堀は琵琶湖と直結していたようです。さらに、城周辺ではこれまで度々発掘調査が実施されており、石垣などの遺構も検出されていますが、いずれも点的な調査であり、長浜城の全体構造を想定できる資料とはなっていません。

ところで、大通寺の台所門は長浜城の城門を移築したものであると伝えられています。『坂田郡志』によると、鉄扉金具の裏面に「天正十六年戊子八月十六日」の刻銘が認められたとあり、山内一豊時代の城門であったようです。

大溝城

天正元年（一五七三）、織田信長は、高島郡小川村に蟄居していた磯野員昌に高島郡を与えます。員昌は新庄城を居城とし、信長の甥信澄を養子とします。しかし、天正六年（一五七八）突然逐電してしまいます。その直後信澄は湖西支配の新たな居城として大溝城を築城します。ここでは新庄新町、新庄本町など新庄城下から移転してきた町や、新旭町の今市や安曇川の南市本町などの町も移転させており、大溝で湖西の中核都市建設のおこなわれたことがうかがえます。

天正十年（一五八二）の本能寺の変で、信澄は明智光秀の娘を娶っていたことから嫌疑がかかり、大坂城で自害します。その後丹羽長秀預りとなり、慶長八年（一六〇三）に廃城となります。その後元和五年（一六一九）に分部光信が二万石で高島に入部し、旧大溝城内に陣屋を構えます。

大溝城天守台石垣

さて、大溝城は「織田城郭絵図面」によると、乙女ヶ池と呼ばれる内湖に突出させた方形の本丸を中心に湖に面して二の丸、三の丸を配し、すべての堀を琵琶湖と直結させていました。絵図には本丸の南東隅に天主と記さ

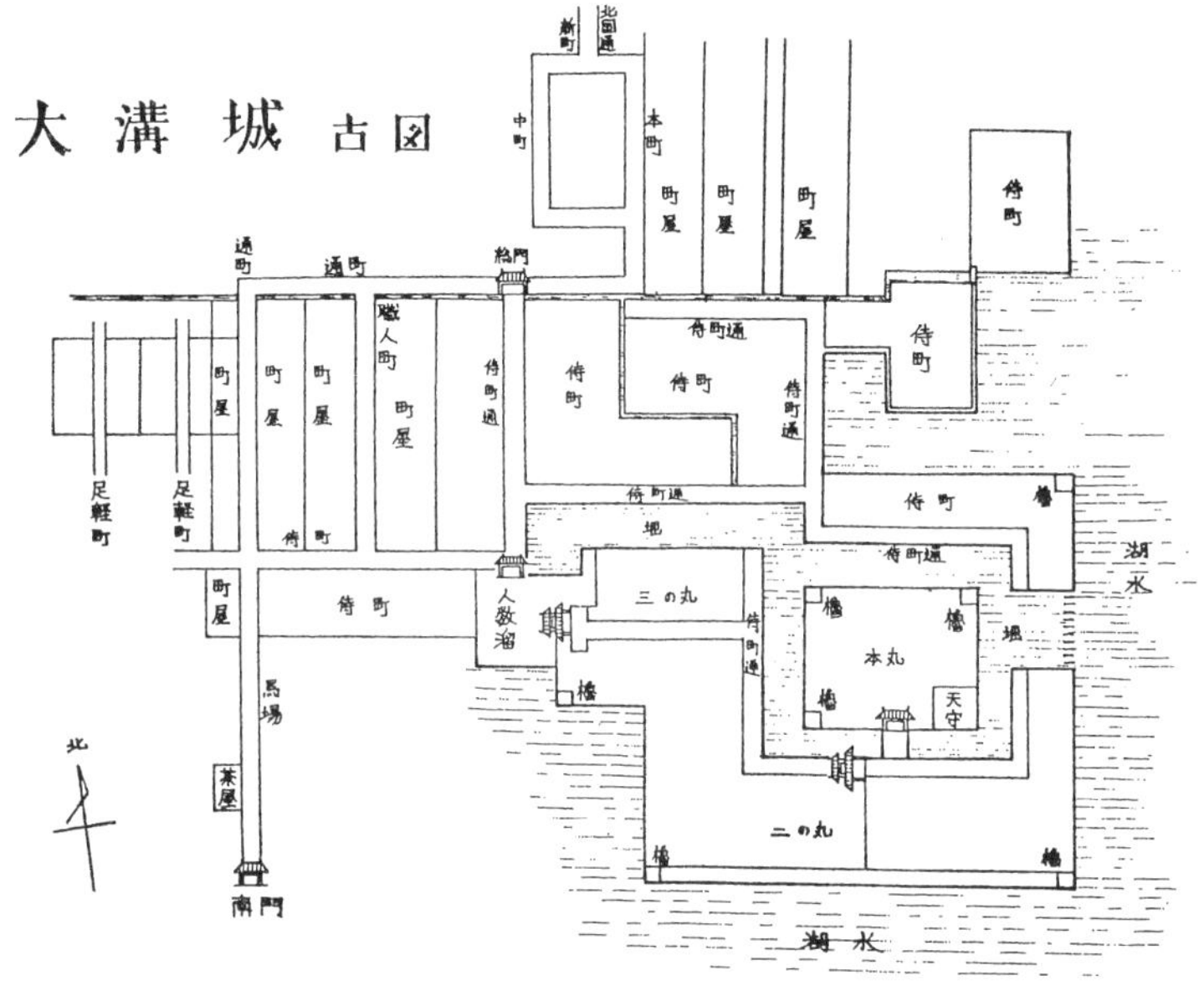

大溝城古図（志村清1976『近江大溝陣屋（二）』日本古城友の会による）

れています。現在残る天守台は、粗割の巨大な石材を用いており、野面積みですが、隅部は算木積みとなり、安土城とともに天正初年の代表的な石垣です。

おわりに

近江では、安土築城の前後に織田信長やその家臣たちによって城郭が構えられました。こうした城郭は織豊系城郭と呼ばれ、強い斉一性の認められる構造を有しており、広義の織田信長によって築城された城として理解できます。しかし、これまでそうした視点で評価されることはまったくありませんでした。特に配下の居城を分析することによって安土築城の意図がより鮮明に理解できます。

信長ほど本拠を移転した戦国大名はいません。信長は勝幡城（あるいは那古野城）に生まれ、若くして清洲城に移ります。それが美濃攻めを開始すると、より美濃の近い小牧山城を築いて移り、美濃攻略後は岐阜城に移り、さらに、安土城に本拠を移します。少なくとも信長は本人の意志によって四度も居城を移転しているのです。戦国大名にとっての居城は単なる防御施設というだけではなく、父祖伝来の聖地でもありました。このため本拠の移転は通常考えられないことですが、信長は占領地に点々と築城をおこなったわけです。

こうした、本拠の移動を念頭に近江における信長時代の配下の諸城を見れば、光秀の坂本城、秀吉の長浜城、信澄の大溝城がいずれも琵琶湖岸に築かれているという共通点を見出すことができます。さらに、安土城も同じく琵琶湖岸に築かれており、立地条件は四城で共通していることがわかります。しかし、占地に注目すると安土城は標高一〇六ｍの安土山の山頂に築かれているのに対して、坂本城、長浜城、大溝城はいずれも琵琶湖岸に築かれています。時代は戦国時代の山城から近世の平山城や平城に移行するかのようにこれまで語られてきましたが、その先端を行くはずの信長本人は小牧山、金華山、安土山と決して山を下りることはなかったのです。自らは山城に依存し、配下には平城を築かせたのでした。

琵琶湖岸に築かれた信長配下の三城の立地や縄張りについては、残念ながら廃城後の徹底した整地によりその痕跡は地上に残されておらず、地割りや小字、さらには、近世の絵図資料などからしか類推することができません。そうしたなかで三城に共通するのが三重の堀によって囲まれていた構造です。さらにこれらの堀が琵琶湖と直結しており、積極的に琵琶湖を要害として取り込んでいたことがうかがえます。織豊期になって石垣構築技術が飛躍的に進歩した結果、戦国時代には城の築けなかった湖岸にも城を築くことが可能となったのです。こうした構造は偶然の一致ではなく、信長時代に積極的に琵琶湖岸への築城を意識していたことを示しているものと評価できます。さらに、その選地は個々の大名によるものではなく、むしろ信長の意志による選地と考えられます。

出土した瓦に注目すると、元亀三年（一五七二）に築城が開始された坂本城から出土した三ツ巴紋の軒丸瓦と同笵の瓦が元亀二年（一五七一）に細川藤孝によって築城された勝龍寺城からも出土しています。安土築城四年前のことであり、そこには信長の貸与による瓦生産の可能性であり、光秀や藤孝では瓦工人の掌握は不可能であり、そこには信長の貸与による瓦生産の可能性が考えられます。さらに、坂本城と勝龍寺城ではいずれも天主（勝龍寺城では殿主）の存在が知られています。こうしたことより坂本築城は滋賀郡を賜った光秀による築城と考えるよりも、選地（琵琶湖岸）、縄張り（琵琶湖と直結する三重の水堀）、普請（石垣）、作事（天主）全般に信長の強い意図が反映されていると考えられます。さらに、秀吉の長浜築城、信澄の大溝築城にも信長は直接関与したものと考えられます。小牧山城、岐阜城を築いてきた信長の築城思想が配下の諸将の築城に大きく影響を与え、以後織豊系城郭という強い斉一性を有する城郭へと発展していったのです。

一方、合戦の際に構えられた信長軍の陣城も近江には残されていますが、これらは以後の信長の城攻めの常套手段となる付城を構える攻城戦の初源的形態として注目されます。元亀元年（一五七〇）より天正元年（一五七三）までの三ヶ年におよぶ小谷城の攻城戦では横山城を付城として位置付け、さらには、虎御前山に本陣を構えます。この段階ではまだ包囲網は設けられていませんが、元亀元年から二年にかけての佐和山城攻めでは『信長公記』に「七月朔日、佐和山へ御馬を寄せられ、取詰め、鹿垣結はせられ、」と記されているように、付城だけではなく、佐和山の周囲に鹿垣を巡らせ、完全封鎖したことが知られています。こうした包囲網と付城が後に摂津池田城攻めや、播磨三木城攻めなどでも行われ、秀吉も因幡鳥取城攻めや、備中高松城攻めで行っています。そうした信長の攻城戦の付城が近江では残されていますが、これまでほとんど顧みられることはありませんでした。さらに、志賀陣では宇佐山城は陣城であるにもかかわらず石垣が導入されています。光秀の改修も視野に分析する必要はありますが、この石垣は近江では最古の織田政権による石垣です。こうした陣城群も安土築城に連なる系譜として実に貴重であり、改めて評価すべき城です。

第四章　秀吉時代の近江の城郭

はじめに

ここでは、豊臣秀吉時代における近江の城郭について紹介したいと思います。天正十年（一五八二）、織田信長が京都本能寺において明智光秀に討たれると、秀吉は備中より一気に京都に向かい、大山崎で光秀軍を撃破します。翌年になると柴田勝家と秀吉の反目は避けがたいものとなり、賤ヶ岳合戦が勃発します。この合戦に勝利した秀吉は名実ともに信長の後継者となり、大坂に築城を開始します。しかし、信長の次男信雄は徳川家康を引き込み、秀吉と戦うこととなります。これが小牧・長久手合戦ですが、この合戦に際しても近江で陣城の築かれていることが近年の調査で明らかとなりました。一方近江には天正十三年以降豊臣恩顧の大名たちが配されます。

こうした、近江における秀吉の城を陣城という合戦に備えた臨時的な城郭と、配下が築いた居城という領国支配の拠点となった城郭の二つの観点から紹介したいと思います。

合戦に備えて築かれた陣城

玄蕃尾城

本能寺の変後の織田政権の運営について、清洲城で会議が開催されましたが、そこで羽柴秀吉と柴田勝家の反目は避け難いものとなりました。特に秀吉が京都郊外の山崎と八幡に新城を構えたことは、この清洲会議の誓約違反であるとし、直ちに破却しなければ勝家は自ら出向いて破却するという行動に出ます。これが賤ヶ岳合戦の発端となります。

ところで、賤ヶ岳合戦といえば、賤ヶ岳の七本槍の勇壮ぶりのみが知られていますが、実はこの七本槍（実際は九本槍）の活躍は合戦の終盤の一場面に過ぎず、賤ヶ岳合戦は両軍が約二ヶ月近くにわたって賤ヶ岳周辺に陣取った対峙戦であったことはあまり知られていません。

さらに、この対峙戦では兵の駐屯地として両軍あわせて約二〇ヶ所に陣城が構えられました。これらは折の効いた土塁や、遮断線となる横堀、さらには馬出を設けた虎口などを備える軍事的に発達した城郭構造を示しており、賤ヶ岳合戦は日本合戦史上、比類のない築城戦となりました。

そうした陣城のなかで、もっとも規模が大きく軍事的に発達した縄張りを有するのが玄蕃尾城です。近江と越前との国境線上の内中尾山の山頂部に築かれた城で、合戦のときには柴田勝家の本陣となりました。

主郭の北東隅には天守台を設けており、そこには現在でも礎石が認められます。おそらく、井楼組の櫓が建てられていたものと思われます。この主郭はほぼ正方形を呈しており、周囲には土塁が巡らされ、北・東・南の三方に虎口が構えられています。いずれの虎口も虎口前面に小曲輪を設けており、これらは防御と出撃の拠点となる橋頭堡としての馬出の役目を担っていたものです。特に南側の虎口ではこの馬出の外方にさらに方形の曲輪を構えており、重ね馬出としています。一方、北側の虎口馬出の外方には主郭よりも広い扇形の曲輪が構えられていますが、この曲輪は越前側に向いており、越前からの補給物資を入れ置いた兵站基地の機能を担っていたものと考えられます。曲輪の虎口は越前側に設けられており、幅広い土橋を伴う平虎口は物資補給口であったことを示しています。これら主要な曲輪の周囲には幅広く、深い横堀が巡らされており、遮断線

玄蕃尾城に残る土塁

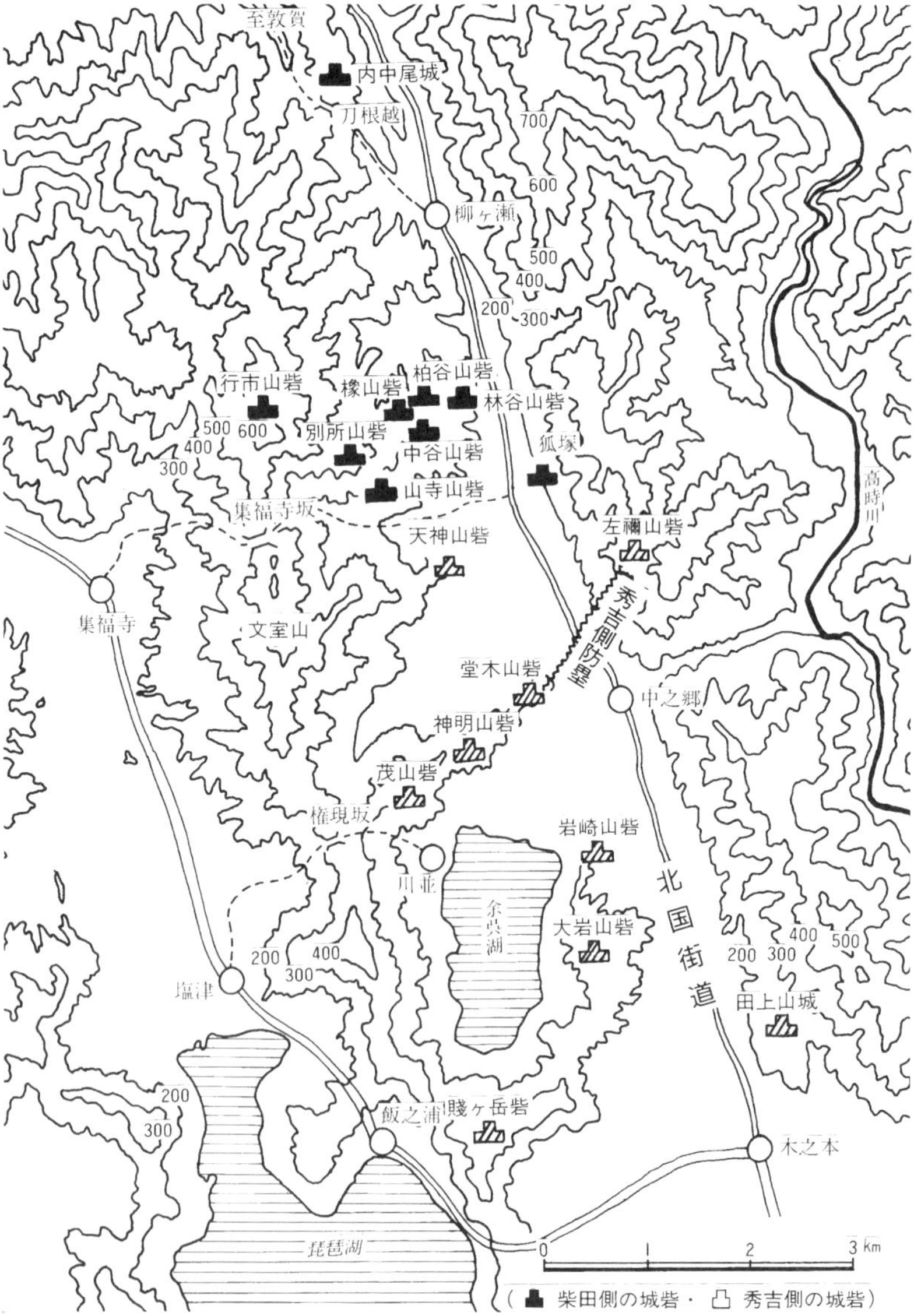

賤ヶ岳合戦の陣城配置図（中井均作図）

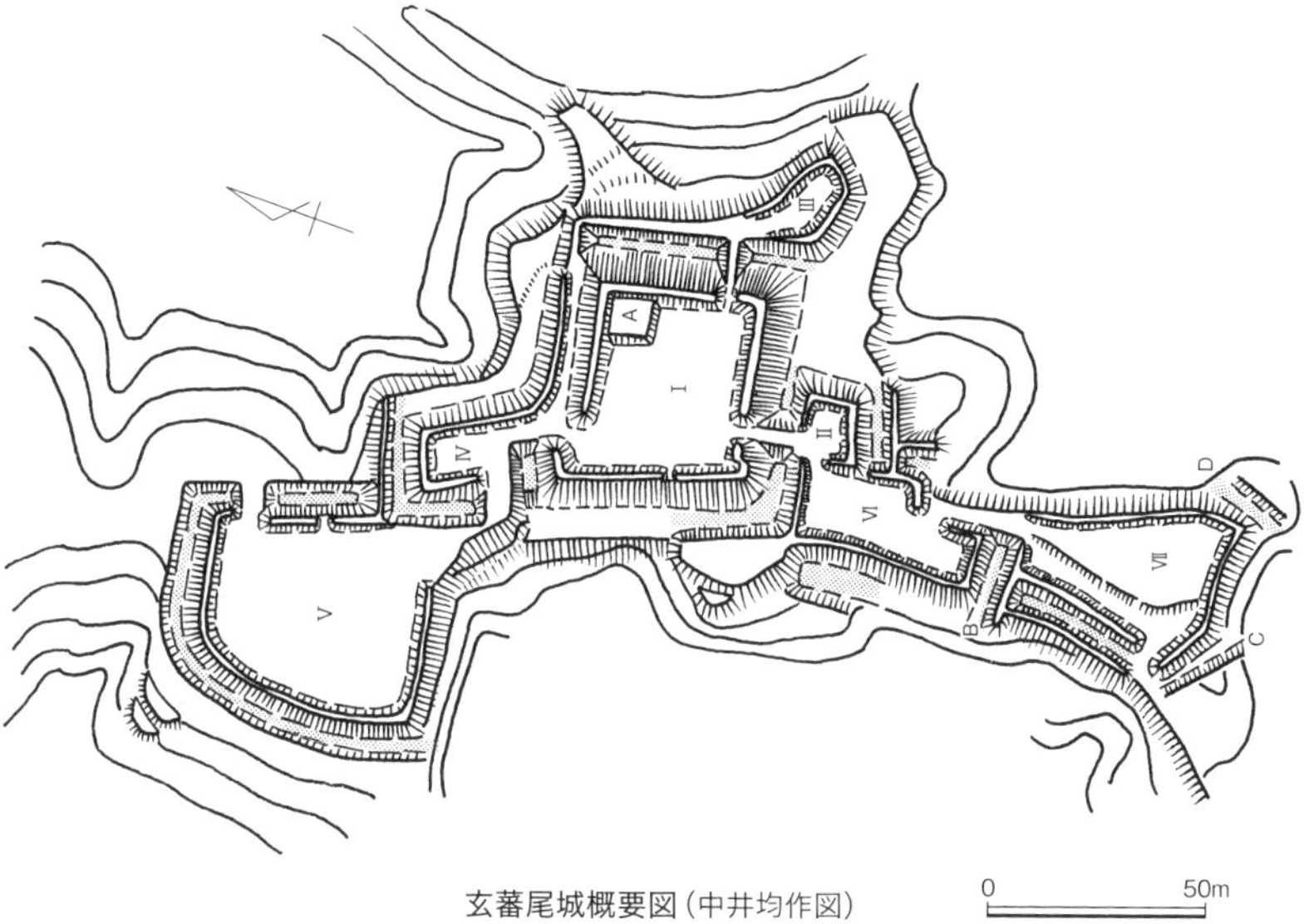

玄蕃尾城概要図（中井均作図）

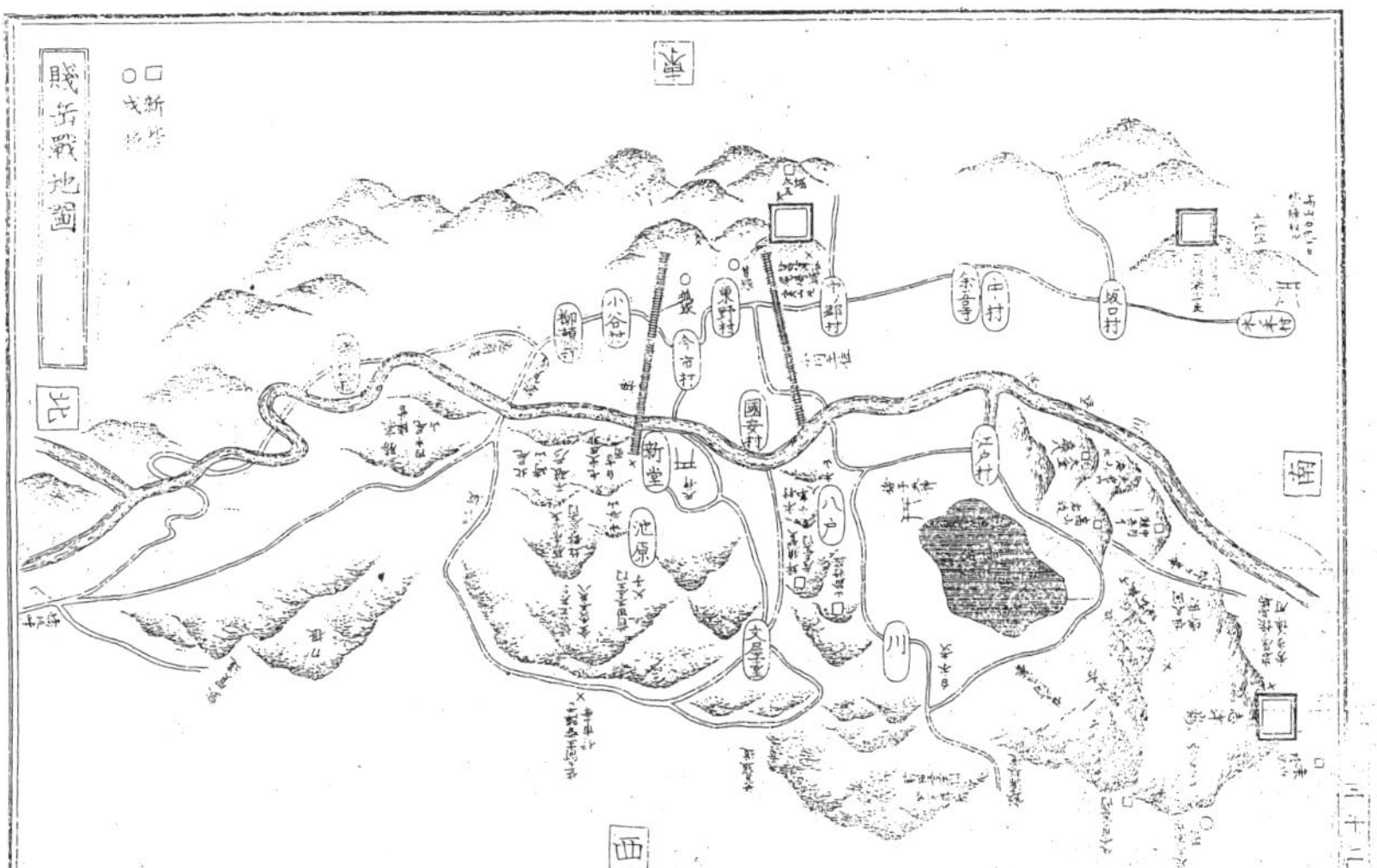

賤ヶ岳戦地図

としています。

さて、玄蕃尾城は他の賤ヶ岳合戦関連の陣城に比べ群を抜いた規模、構造となっており、とても同時期に築かれたものとは考えられません。勝家は清洲会議の結果、長浜城を手中にすることができ、養子（甥）の勝豊を城主に配しました。おそらく、勝家の居城である北の庄城と近畿への足掛かりとなる長浜城との間の繋ぎの城として天正十年の六月以降に築城が開始されたのではないかと考えられます。それが翌年の賤ヶ岳合戦の勃発とともに勝家の本陣になったのでしょう。

一方、秀吉側は北国街道がもっとも狭隘となる東側の山頂に東野山（左禰山）城を、西側の尾根上に堂木山城、神明山城を配置して最前線としました。さらに、北国街道を封鎖するように二重の土塁と横堀を設けていたようで、江戸時代に作成された賤ヶ岳合戦絵図には二重の柵列が描かれています。秀吉軍の司令部となったのは陣城群の最南端に築かれた田上山城で、ここには秀吉の弟秀長が入れ置かれていました。

ところで、賤ヶ岳合戦の陣城の特徴のひとつに広大な尾根や山頂に選地していることがあげられます。これは陣城に収容できない足軽雑兵たちのベースキャンプ地として陣城の外側に広がる平坦面を利用する目的の選地であったようです。また、秀吉軍側の陣城が非常に発達した城郭構造となっているのに対して勝家軍側は玄蕃尾城以外は堀切が設けられている程度で小規模なものばかりです。これは南進を図る勝家軍にとっては防御施設としての陣城ではなく、あくまでも兵の駐屯地としての陣という意識が強いことを示しています。対して秀吉軍は南進する勝家軍を防御するという意識から軍事的に発達した構造の陣城が線として構えられたものと考えられます。

土山城

賤ヶ岳合戦に勝利した秀吉は、実質的な天下人となり、大坂築城を開始します。ところが、天正十二年（一五八四）に織田信雄と徳川家康の連合軍が秀吉に対して叛旗を翻します。主戦場となったのが尾張の小牧、長久手であったことより小牧・長久手合戦と呼ばれますが、両軍の膠着状態が続きます。この合戦では戦国時代の古城が陣城として利用されます。近江でもこのときに再利用されたと考えられる城が認められます。それが甲賀市

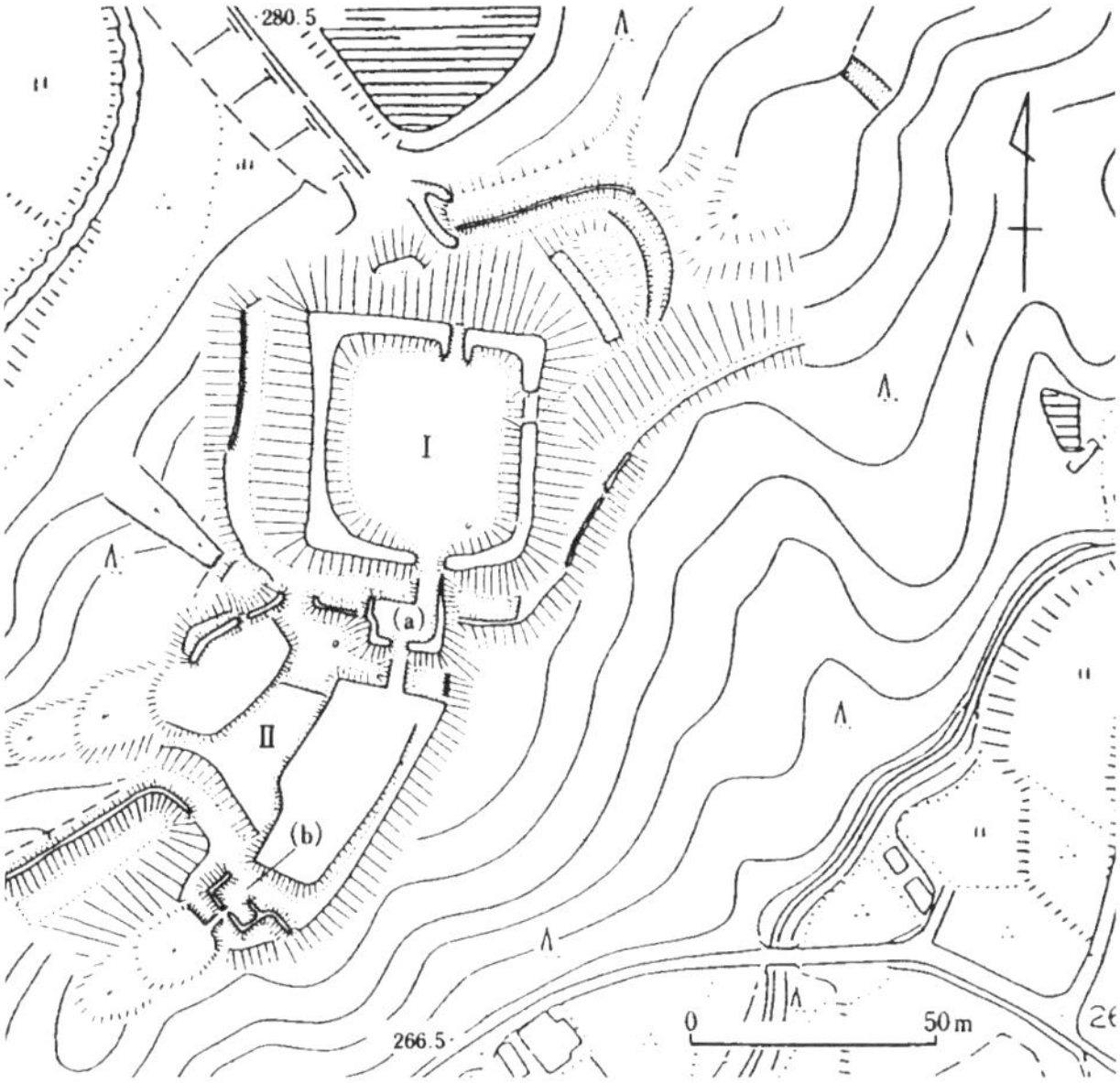

土山城概要図（中井均作図）

土山町北土山に所在する土山城です。従来この土山城は戦国時代に在地の土豪である土山氏の居城と伝えられていました。実際、その構造は一辺が約五〇m程度の方形単郭構造を呈しており、甲賀地方に数多く認められる構造です。ところが、詳細に見ると、正面虎口の前面に土塁囲いの方形の小曲輪が突出して構えられており、これは角馬出として評価できる構造です。しかし、角馬出という当時最先端の防御施設が甲賀の土豪の城で採用されることは考えられず、事実甲賀に分布する三〇〇弱の城館で角馬出が認められるのはこの土山城のみです。おそらく土豪の城であった方形単郭タイプの土山城に角馬出がのちに付け加えられたとみるべきでしょう。

　実は、小牧・長久手合戦に際して豊臣秀吉は東海道を利用しています。丹羽長秀に宛てた書状に「甲賀より伊勢之間ニ城三ヶ所、為通路城申付、普請拵申候事、」とあり、片切半右衛門尉に宛てた書状には「今日至土山令著陣候、」とあり、秀吉の宿泊施設として城が構えられたことがわかります。その一つが土山城のことを指すものと考えられます。秀吉の宿所として戦国時代に築かれた土山城を再利用するにあたり、虎口部分のみを改修したわけです。

このように、土山城は近江における小牧・長久手合戦に関わる城として注目されます。

近江における秀吉配下の居城

秀吉の近江支配の実態は、天正十三年（一五八五）の八幡山城、水口岡山城の築城によって明確になります。近江に配された大名がその領国支配の拠点として、それまでの信長支配のときとは別のところに居城を構えます。それらは単なる支配の拠点としてだけではなく、小牧・長久手合戦後の徳川家康との軍事的緊張に備えてのものだったと考えてよいでしょう。東海道や東山道沿いに新たな山城が築かれたことがこうした徳川家康との緊張関係を物語っています。

八幡山城

天正十三年（一五八五）、安土城に代わる近江の中核として築かれたのが八幡山城です。標高二八三mの鶴翼山の山頂部に、城域全体を高石垣によって築いていきます。現在残されている石垣は出隅部が見事な算木積みとなっており、さらに、石材には矢穴痕も認められることより、あるいは山上部分の石垣については天正十三年（一五八五）の秀次築城段階のものではなく、天正十八年（一五九〇）に入城した京極高次による改修の可能性があります。山上部分の城郭構造は本丸を中心に東側に二の丸を、西側に西の丸と出丸を、北側に北の丸を配し、唯一の尾根続きとなる北方へは北の丸直下に堀切を設けて尾根筋を切断しています。本丸の虎口は見事な内枡形となっていますが、これも石垣と同様に京極高次段階に改修された可能性があります。

山上の本丸には現在瑞竜寺が建立されており、城郭構造はまったく認められませんが、寺院建立に先立つ発掘調査では大規模な礎石建物が検出されており、本丸に御殿の存在したことが明らかとなっています。また、寛政十年（一七九八）に描かれた八幡山城の古図には本丸の北辺中央部に一段高く方形の石垣が記されており、これは天守台を描いたものと見られます。

ところで、八幡山城でもっとも興味深い構造は鶴翼山の南山麓に構えられた居館の存在です。織豊系城郭では防御空間と居住空間が一体化され、安土城や大坂城では

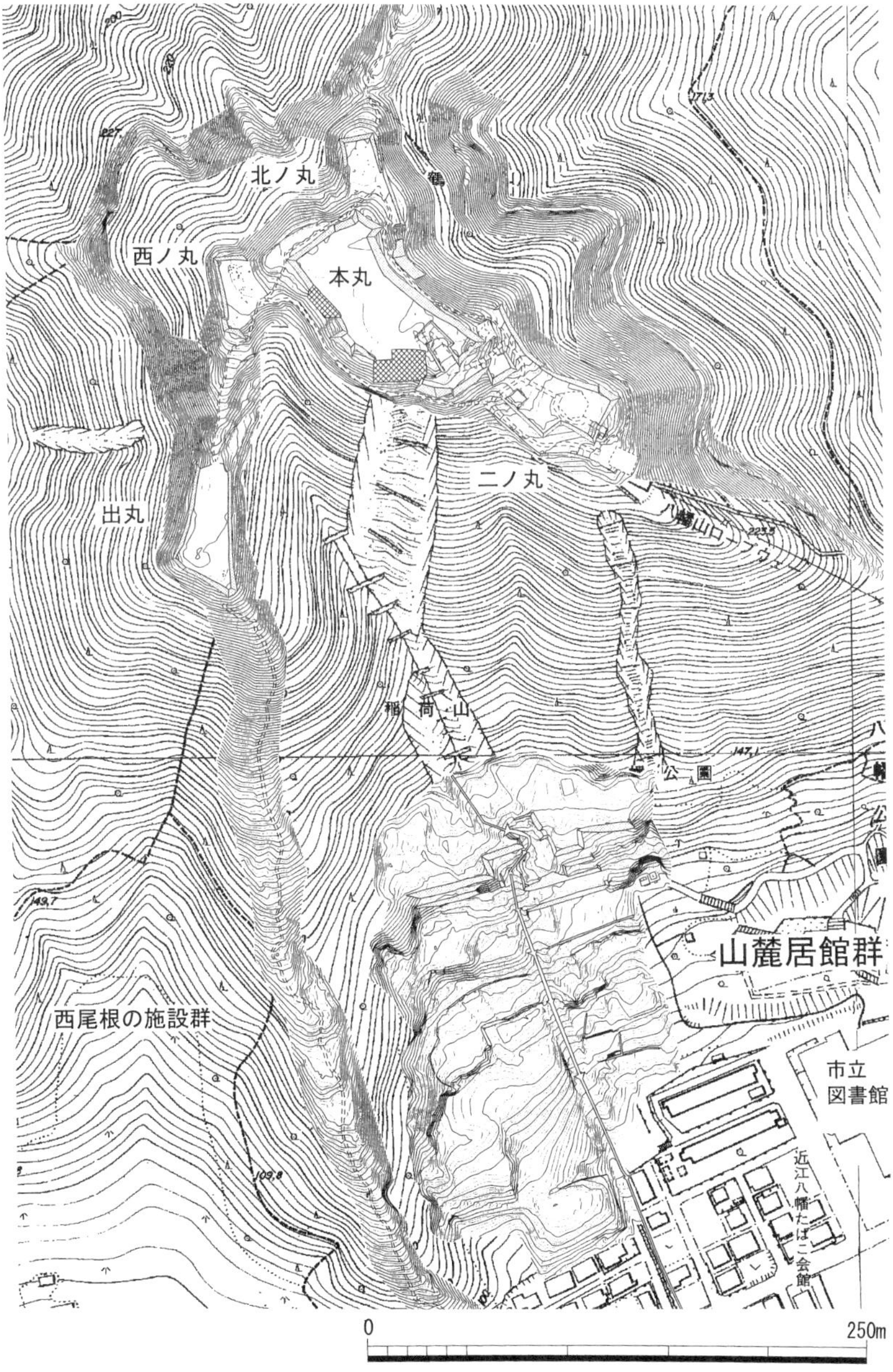

八幡山城測量図（近江八幡市2008『八幡山城跡・北之庄城跡詳細測量調査報告書』による）

本丸に御殿が構えられるようになりますが、八幡山城では戦国時代の山城と同じように防御空間としての山城と、居住空間としての山麓居館という二元的形態となっています。こうした構造からも臨戦体制の下で築かれた城郭であることがわかります。山麓の居館は秀次居館と呼ばれ、高石垣によって谷部を堰き止めて居館空間を造成しています。その中央部には巨石を用いた枡形虎口が構えられています。

また、居館の前面には石垣を伴う平坦面が階段状に配されていますが、これらは有力な家臣団の屋敷地であったと考えられます。

秀次居館は、第二次室戸台風によって土砂に埋もれてしまいましたが、近年発掘調査が実施され、

八幡山城本丸の石垣

その結果、大規模な礎石建物群が検出されています。遺物には大量の金箔瓦が出土しており、秀次の屋敷には金箔瓦の葺かれていたことが明らかとなりました。金箔瓦のなかには沢潟紋を施した鬼瓦も認められます。なお、礎石建物は建物解体後、粉砕した瓦を全面に敷き、さらに、粘土によって固く叩き締めて埋めたことが確認されています。文禄四年（一五九五）の秀次事件に伴い、その居館を封印する目的で破壊したようです。

この秀次居館と、家臣団屋敷の前面には琵琶湖と直結した水堀が巡らされています。八幡堀と呼ばれ、武家地と町人地を画する堀として構えられたものです。堀の内側には鉄砲町の地名が残されていることより、堀の内側には武家町とともに職人町が構えられていたようです。そして堀の外側に商人町が構えられていました。

天正十八年（一五九〇）に秀次が徳川家康との前線である清洲城へ移ると、八幡山城へは替わって京極高次が入れ置かれます。しかし、文禄四年（一五九五）の秀次事件によって八幡山城も秀次の城であったということより廃城となり、高次は大津城へ移されました。

水口岡山城

甲賀の地には、戦国時代に約三〇〇ヶ所にのぼる城館が構えられていました。これらは甲賀郡中惣の姿を示すものとして注目されますが、拠点となるような巨大な城が郡内に築かれることはありませんでした。ところが、天正十三年（一五八五）に東海道を眼下に見下ろす、標高二八一ｍの大岡山（古城山）に中村一氏によって水口岡山城が築かれました。東海道の要衝に築かれたということはやはり徳川家康を意識しての築城と考えられます。

水口岡山城の石垣

城の構造は東西に伸びる大岡山の山頂部に曲輪を連郭式に配置し、それらに帯曲輪が巡っています。主郭の両端には一段高く櫓台としての土壇が残されており、そのどちらかは天守台であったと見られます。現在破城の結果として石垣はほとんど残されていませんが、主郭の北面などに残る石垣の石材には矢穴痕は認められず、自然石を積み上げています。八幡山城の石垣に比べると古式であり、天正十三年（一五八五）に築かれた石垣と見てよいでしょう。

なお、主郭の南側中腹には巨大な土塁をL字状に巡らせる曲輪が築かれていますが、これは大手の虎口として構えられた出枡形の痕跡のようです。さらに、その山麓、現在大岡寺の位置する場所が居館の跡地と推定されます。山頂部の防御空間としての山城と、山麓部の居住空間としての居館が分離する二元的構造となっている点は八幡山城と同じ意図で築かれたことを示しています。

『近江蒲生郡志』所収の「西川伊久太郎文書」によると、水口岡山の築城にあたって三雲城（甲賀市）や大溝城（高島市）の部材を転用したことが記されています。これまでは伝承に過ぎないものと思われていましたが、

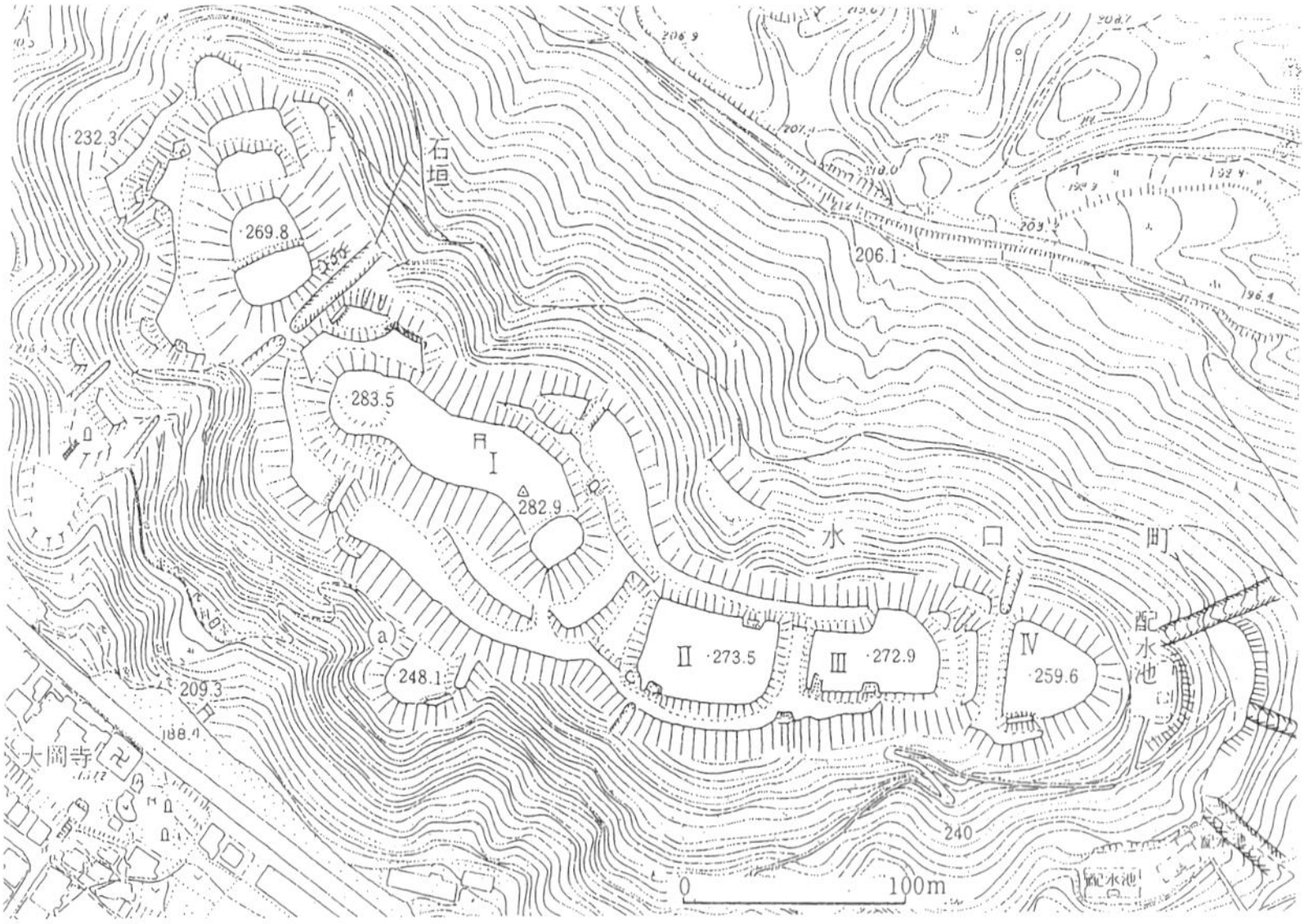

水口岡山城概要図（中井均作図）

近年実施された水口岡山城の発掘調査で出土した瓦と大溝城出土の瓦が同笵であることが確認されており、この転用については信頼性が高いようです。

天正十八年（一五九〇）に、北条氏を滅ぼした秀吉は秀次とその宿老たちを、関東に移した徳川家康に対する前線へ配置します。その結果、中村一氏は駿府城へ移されます。替わって水口岡山城には増田長盛が入れ置かれます。さらに、文禄四年（一五九五）に長盛が大和郡山城へ移されると、長束正家が入城します。長盛、正家ともに豊臣政権の吏僚として五奉行の一員であり、いかに秀吉が水口の地を重要視していたかがうかがえます。

慶長五年（一六〇〇）の関ケ原合戦で正家は西軍に与したため、合戦後水口岡山城は廃城となりました。

佐和山城

佐和山城といえば、誰しも石田三成の居城を思い浮かべるのではないでしょうか。しかし、佐和山城の歴史は古く、戦国時代には湖北の浅井氏と、湖南の六角氏との境目の城として機能していました。元亀二年（一五七一）に開城した佐和山城に織田信長は丹羽長秀を入れ置きます。また、当時岐阜城を居城としていた信長は京都への中間に位置する佐和山城を宿所として利用しており、まさに近江における信長の居城的機能を有していた城だったといえます。おそらく、この丹羽長秀入城の段階で佐和山城は戦国の城から近世の城へと改修されたようです。

天正十年（一五八二）の、本能寺の変後は秀吉によって堀秀政が十六万石で入れ置かれており、この段階でも大名居城として大改修を受けたものと考えられます。さらに他の近江の諸城と同様に天正十三年（一五八五）には堀秀政が越前へ移り、替わって堀尾吉晴が四万石で入城します。吉晴は天正十八年（一五九〇）の北条氏滅亡後、山内一豊、中村一氏らとともに関東へ移り、浜松城主となります。佐和山城は一旦空き城となりますが、翌天正十九年（一五九一）に石田三成が十九万四千石で入城します。このように、三成の佐和山入城は新たに城を築いたものではなく、堀秀政や堀尾吉晴によって築かれた城に入城したに過ぎないものだったのです。

文禄五年（一五九六）には、「佐和山惣構御普請」について四郡（伊香、浅井、坂田、犬上）の百姓に動員がかけられていますが（「須藤通光書状」）、この惣構とは現在残る大手土塁だけではなく、西側山麓など、佐和山山麓全域の堀などを指すものと考えられます。三成による城下の再編成があったようです。

城は、標高二三二・九ｍの佐和山の山頂に構えられています。しかし、中心部の残存状況は非常に悪く、石垣や土塁などはほとんど認めることはできません。『古城御山往昔咄聞集書』には、「九間御切落とも云又七間とも申し候」と記されており、本丸に関しては井伊氏入部後に徹底的に破城（城割り）がおこなわれたようです。この本丸を中心に南側に太鼓丸や法華丸を、北東側に二の丸や三の丸を、北西側に西の丸を配し、切岸部には竪堀が施されていました。これらの諸曲輪は石垣によって築かれていたと考えられますが、石垣も破城によりほとんど残存していません。しかし、近年の詳細な分布調査によって本丸を中心として草木に埋もれていた石垣の残存部分が確認されています。また、本丸の北側斜面には膨大な栗石が散乱しており、やはり石垣で築かれていたことがわかります。

なお、「結城秀康書状」のなかに「てんしゅ二日（火）

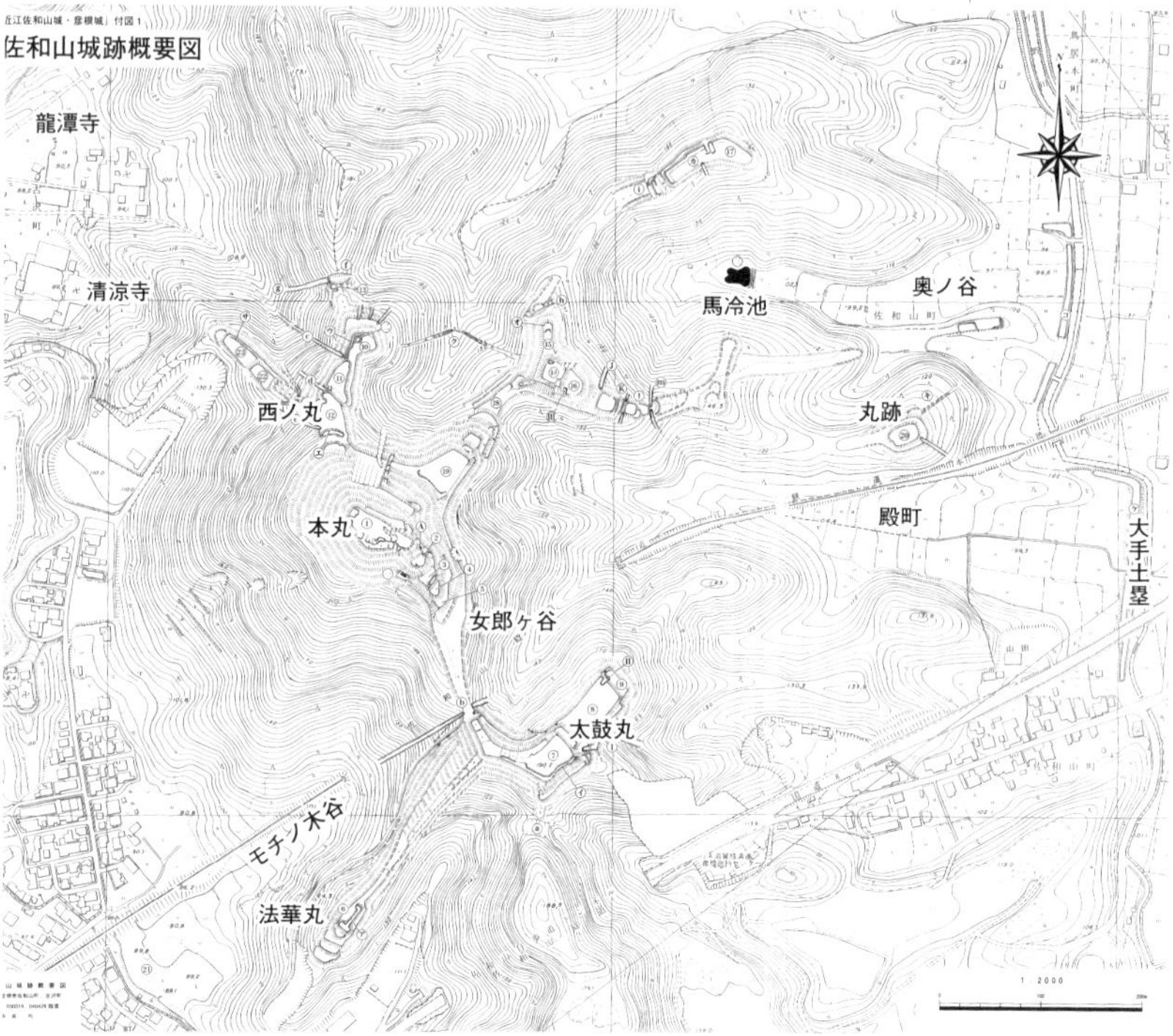

佐和山城概要図（中井均作図）

をかけ申候」とあることより、佐和山城には天守の存在していたことは間違いありません。しかし、その形状に関しては五重説や三重説がありますが、詳細は不詳です。

ところで、これまで佐和山城の大手は東側山麓だと考えられていました。それは東側には東山道（中山道）が走り、山麓の谷部を堰き止める巨大な土塁の存在することからのようです。しかし、現存する土塁は確かに戦国時代のものとは考えられないような立派なものですが、栗石が一切認められず、さらに、瓦片も散乱していないことより、大手とするには疑問が残ります。

近世に作成されたものですが、『佐和山古城之図』（彦根市博物館所蔵）には西側の山麓に「モチの木谷」と呼ばれる谷筋が描かれています。この地名は三成屋敷の書院の庭に植えられていたモチの木に由来しており、三成の屋敷の跡と伝えています。また、三成の重臣島左近の屋敷も西側山麓の現在の清涼寺にあったと伝えています。つまり、城主の屋敷や重臣の屋敷が大手とは反対の谷筋に存在したことになります。これは大手の変化を示すものではないでしょうか。

戦国時代の境目の城の時代は、陸路を重視して東側に大手が構えられていましたが、織豊系城郭としての丹羽長秀が入城した段階で、琵琶湖の湖上交通を重視するため西側に大手が移ったのではないかと考えられます。戦国時代の大手が近世になって一八〇度方向を転換した事例には村上城（新潟県）、岩村城（岐阜県）、竹田城（兵庫県）、和歌山城（和歌山県）、丸亀城（香川県）など数多く認められます。おそらく、城下町建設との関係から大手の方向が変えられたものと考えられます。佐和山城も同様に近世城郭へと発展する段階で、東山麓の城下だけでは収容面積が足りなくなり、さらに、琵琶湖を積極的に活用する目的で西側山麓にも城下が建設され、こちらに大手を移したものと考えられます。もちろん、大手が方向転換しただけであり、東側が廃絶したのではなく、東側もそのまま存続していたことはまちがいありません。事実、東側山麓で実施された発掘調査では十六世紀後半の遺物や屋敷地割の溝などの遺構が検出されており、存続していたことが明らかとなっています。

佐和山城本丸東北隅の石垣

ちなみに、明治六年（一八七三）に作成された古沢村の地券取調総絵図（地籍図）によると、西側山麓には方形に区画された細長い水田が描かれていますが、これは外堀の痕跡と推定されます。小字には「御殿道」があり、『佐和山古城絵図』には、現在のＪＲ彦根駅周辺に「馬喰町」、「魚屋町」が記されており、町人地が西側山麓の城下に集住していたことがうかがえます。

このように、佐和山城は戦国時代の二元的構造の城として築かれたものが、織豊期になっても八幡山城や水口岡山城と同様に二元的構造として機能し続けました。

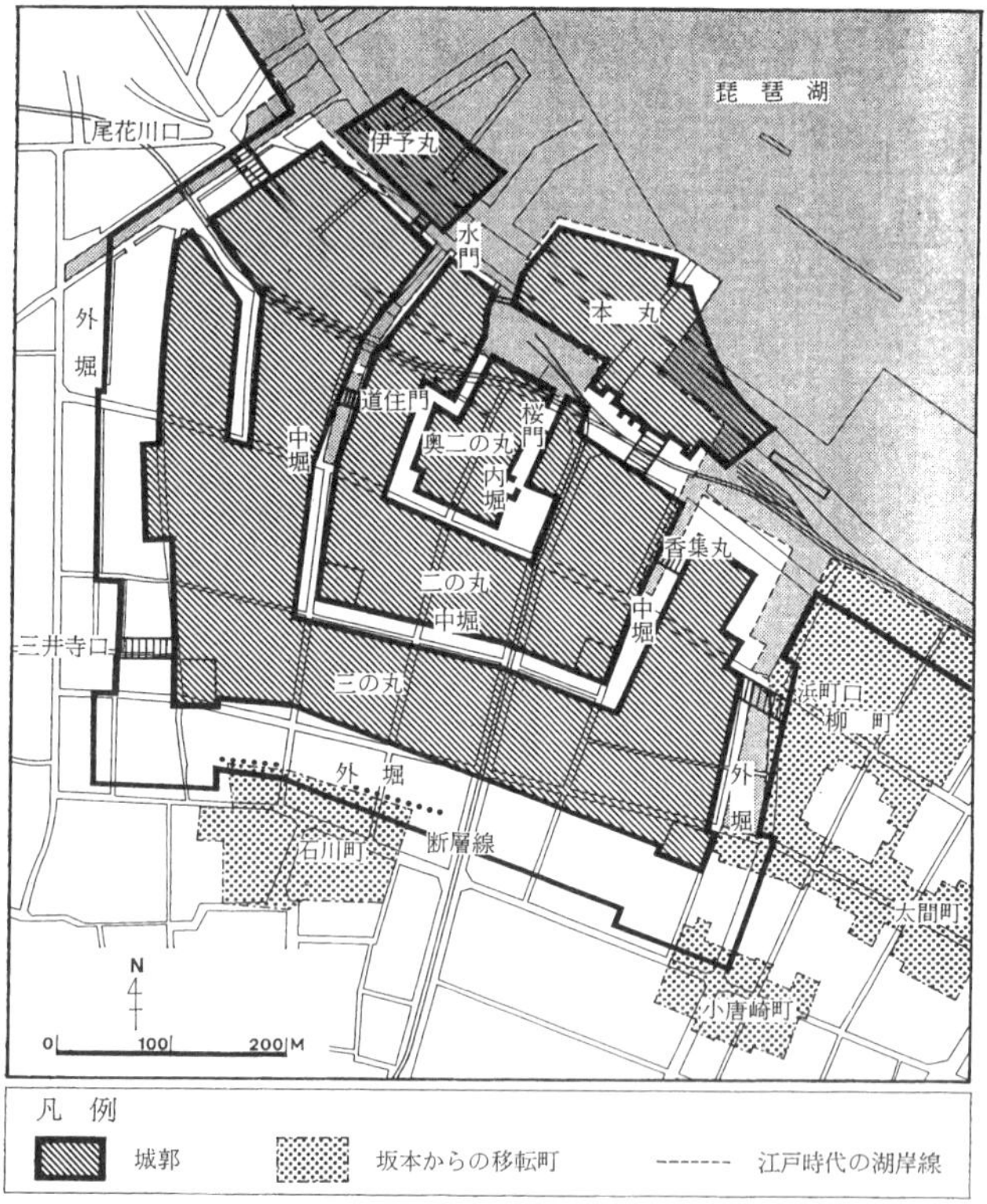

大津城復元図（大津市史編さん委員会1980『新修大津市史 3 近世前期』による）

大津城

ところで、秀吉時代の近江では湖の城も築かれています。天正十年（一五八二）に落城した坂本城は丹羽長秀によって再建されますが、天正十四年（一五八六）頃には廃城となり、替わって浅野長吉によって大津城が築かれます。この坂本から大津への移転は、それまで湖上交通によって坂本に荷揚げされた物資が山中越や白鳥越によって京都に運ばれていましたが、天正十一年（一五八三）に秀吉が天下人の首都として大坂城を築くと、近江、京都間は東海道が重視されます。それに伴い湖上交通の要港として坂本より、東海道に近い大津に港と城が築かれたものと考えられます。長吉の後には増田長盛、新庄直頼が城主となり、さらに、文禄四年（一五九五）の秀次事件によって八幡山城を廃した結果、京極高次が城主となります。

城は、現在の浜大津港の付近に築かれていましたが、慶長五年（一六〇〇）の廃城後その石材や材木はすべて膳所築城に伴い持ち運ばれ、現在その痕跡はまったく残されていません。浜大津周辺の開発事業に伴う発掘調査により、石垣の基底部などが検出されており、その一部が明らかとなったに過ぎません。遺物のなかには金箔の桐紋瓦などが出土しています。

慶長五年（一六〇〇）の、関ケ原合戦の前哨戦として西軍の立花宗茂らに攻められ、本丸を残してすべて焼き払われてしまいます。九月十五日、京極高次は降伏し高野山に蟄居しますが、この戦闘で立花勢らは関ケ原合戦に間に合わず、戦後高次は家康より若狭一国を賜ります。また、大津城の天守は、「此殿守ハ遂ニ落不申目出度殿主ノ由」（『井伊年譜』）として彦根城へ移築されます。

しかし、長等山よりの砲撃は致命的な弱点となり再建されず、城は膳所へ移り廃城となります。

一方、信長時代に湖の城として築かれた長浜城も秀吉時代に存続しており、山内一豊が入れ置かれていました。

おわりに

秀吉時代の近江では、時代に逆行するかのように山城が築かれました。それまで注目されなかった東海道の水口に新たに城を築きますが、これは徳川家康に対する有事を想定しての山城構築と考えられます。信長時代の長浜城、坂本城、大溝城と琵琶湖に面した「湖の城郭網」とは対称的な築城となっています。こうした秀吉時代の近江の城郭網は、「山の城郭網」として捉えることができます。

第五章　甲賀郡中惣の城

はじめに

滋賀県では、一九八一年より十ヶ年を費やして県下に残る中世の城や館の分布調査をおこないました。その結果、県内で約一、三〇〇ヶ所にのぼる城や館が確認されました。この分布数は全体的にも城や館が数多く構えられたことを示しており、近江は「湖の国」であるとともに、「城の国」でもありました。

ところで、滋賀県下のなかでも甲賀郡では約三〇〇ヶ所もの城や館が確認されており、城の多い近江のなかでもとりわけ多数の城が築かれた地域であったことが判明しました。近江の城には様々な特徴がありますが、その最大の特徴はこの甲賀郡の城の分布や構造だといえます。

ここでは、こうした甲賀郡の城のあり方について述べてみたいと思います。

同名中と甲賀郡中惣

では、いったいなぜ甲賀郡にこれほど多くの城や館が構えられたのでしょうか。そこには中世甲賀の独自の歩みが大きく関係しているようです。甲賀の土豪たちは「甲賀五十三家」、「甲賀二十一家」などと呼ばれていますす。これは長享元年（一四八七）の室町幕府九代将軍足利義尚による六角高頼征討、いわゆる近江親征に対して将軍の本陣であった鈎の陣への夜襲に軍功のあった土豪といわれています。こうした土豪は六角氏の軍事力となる一方で、在地領主としてはこれらの小領主たちが強く結びつき、地域的な一揆体制を作り上げます。戦国時代後半にこの一揆体制は甲賀郡中惣と呼ばれるようになりま

甲賀の城の土塁（和田城）

甲賀の城の堀切（和田支城）

す。さらに、この一揆体制を組織するものに同名中があります。

甲賀市水口町宇田を本拠とする山中氏が、貞和二年（一三四六）に定めた「定条々一族置文事」のなかで、一族による開発行為に対して惣領の口出しを禁じており、もし異議があれば一族の号を放つと定めています。つまり一族内において惣領が必ずしも優位な立場にいたものでないことがうかがえます。他の地域の領主たちが惣領家を中心に庶子家とは主従関係を持つことに対して、甲賀では惣領家を中心としながらも自立した庶子家と対等な関係を保って一族結合を図る、いわば共和型であったようです。一族同士同じ名字を持つ者たちの結合ということからこの共和型の一族結合を同名中と呼んでいます。山中同名中、美濃部同名中、伴同名中はさらに柏木御厨を領地としていたことより、同名中同士が結合して、柏木三方中を組織します。こうした結合が戦国期後半には甲賀郡域に広がり、甲賀郡中惣へと発展していきます。

このような、甲賀独特の小領主連合が数多くの城や館を構えた背景にあったことはまちがいありません。

甲賀郡の城館の特徴

甲賀郡には、約三〇〇もの城や館が構えられていたのですが、それらの大半は一辺が三~五〇m程度の方形に構えられた構造となっています。また、副郭や従属する曲輪をほとんど持たず、主郭のみから構成されています。こうした構造を方形単郭型と呼んでいます。甲賀では天正十三年（一五八五）に豊臣大名である中村一氏によって水口岡山城が築かれるまで、大規模な城郭が構えられることはありませんでした。さらに、その選地は集落背後の尾根の先端部となっており、高い山に城はまったく築かれていません。

平面的な規模が小さいこと、構造が単純なことより、これまでの研究では同名中の惣領家や庶子家が均質的関係にあることを端的に示しているものと考えられていました。また、一村に一城を構えていたとも考えられていました。さらに、戦国大名の居城が肥大化するのとは対極に位置する城館であることより、小規模城館とも称されていました。

しかし、現存する甲賀の城を訪ねると、その巨大な土塁には圧倒されます。望月城や新宮支城では高さが八mにも及んでいます。おそらく、甲賀の城館に構えられた土塁の規模は日本列島の中世城館に構えられた土塁のなかでは群を抜いて大規模なものです。平面的には小規模ですが、土塁は小規模なものではなく、決して小規模城館と呼ぶことはできないようです。

ところで、確かに土塁は高く、ぶ厚いのですが、虎口や土塁に発達した城郭構造は認められません。では、単郭の城で戦うことがはたして可能だったのでしょうか。『大原同名中与掟条々』には「同名中惣劇ニ付而、他所与弓矢出来之時者、手はしの城江番等入事在之者、各致談合、人数をさし入可申候、」と記されており、大原同名中では他所と合戦におよんだ際には「手はしの城」へ同名中より人数を差し入れて防御する約束のあったことがわかります。

甲賀の城を巡る

それでは、実際に甲賀の城を巡ってみることとしましょう。ここで三〇〇ヶ所に上る城や館のすべてを巡ることはできませんので、甲賀の城のなかでも代表的な城や館について紹介したいと思います。

望月城・望月支城（甲賀市甲南町杉谷）

杉谷には望月城、望月支城、杉谷城などの城館が集中して築かれています。望月城は土塁の外側で南北約六五

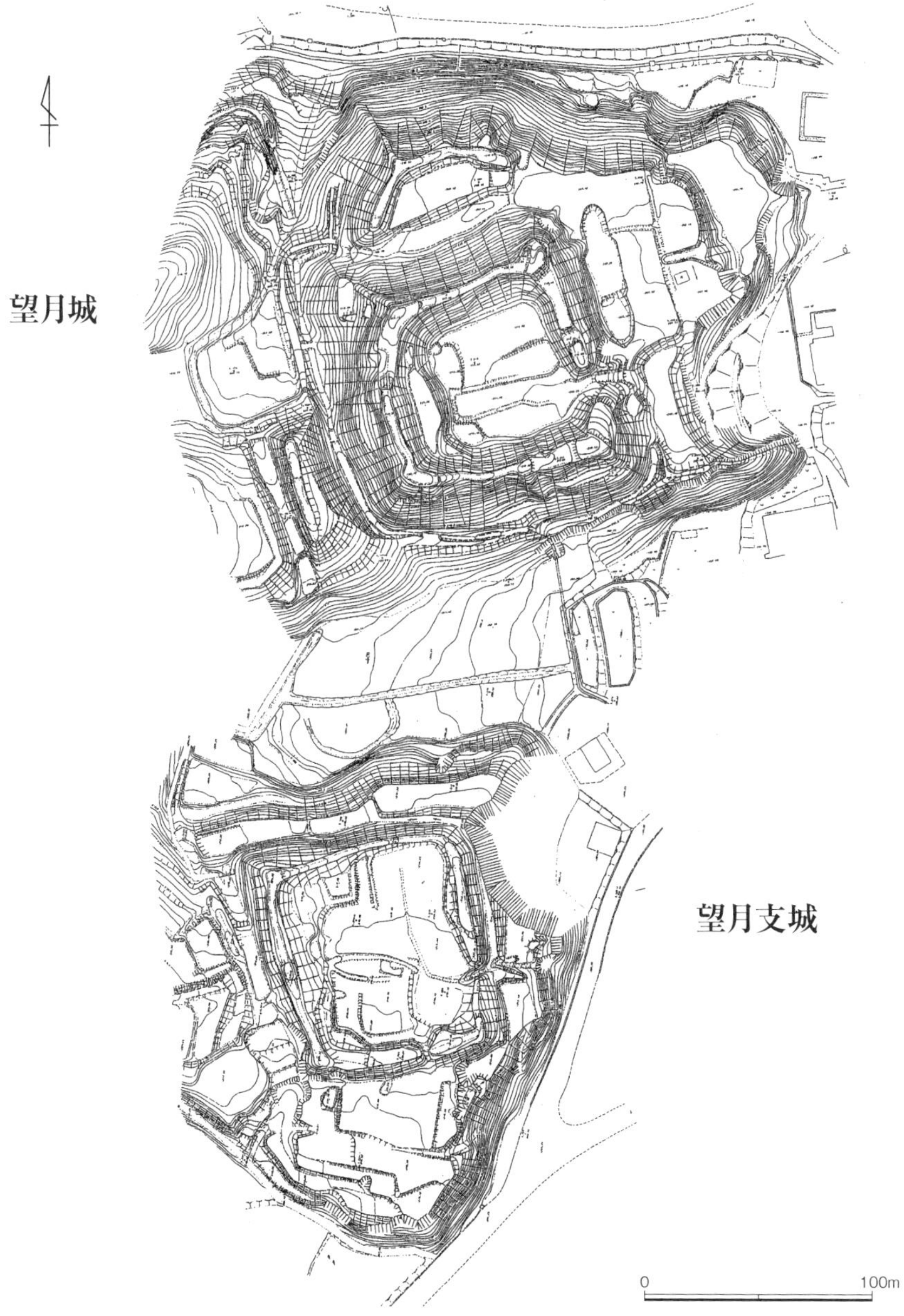

望月城・望月支城測量図
（甲賀市教育委員会2008『中世城館遺跡（甲南地域）調査報告書』による）
※望月城・望月支城は私有地のため立ち入りできません。

m、東西約六二・五mを測る主郭と、その北面に半円形に土塁を巡らせた武者隠し的な副郭と、主郭東側に四段の削平地を構えた構造となっています。方形の主郭を中心にやや発達した構造を見ることができます。主郭の周囲に巡らされた土塁は西側の尾根に対して圧倒的な高さを有しており、その規模は高さ八・七五mを測ります。また、西側は尾根続きであるためこの土塁の外側には二重の堀切が設けられています。さらに、内側の堀切は主郭の南側に回り込んで横堀となっています。虎口は東辺土塁に開口しています。

この望月城の南側、小さな谷を隔てた尾根の先端にも城郭遺構があり、望月支城と呼ばれています。両城間の谷幅はわずか五〇mに過ぎません。こうした立地から従来は望月城とその支城ではないかと考えられていました。しかし、分布調査の結果から方形単郭をベースとする甲賀郡の城館構造からはこの支城も望月城とは主と従の関係になるのではなく、同等の独立した城として捉える方が妥当でしょう。その規模は土塁の内面で南北三九m、東西三〇mを測ります。実は主郭を内面で比較すると、望月城は南北二七・五m、東西二五mであり、支城の中心部のほうが広いことがわかります。土塁については支城主郭を巡る土塁は低く、最も高い西側土塁で四・五mを測ります。西辺土塁外側には堀切が設けられ、尾根筋を切断しています。北・東面には土塁の外側に帯曲輪状に平坦面が回っていますが、これが城に伴うものか後世の開墾に伴うものかは判断がつきません。また、南側では土塁の外側に平坦面が階段状に認められますが、城に伴う造成か否かは不明です。

このように、望月城、望月支城は甲賀郡を代表する中世城郭ですが、城主や来歴に関しては何も伝えられていません。おそらく、杉谷を支配する土豪によって築かれたものと考えられます。

ところで、この望月城と望月支城のように小さな谷筋を隔てた尾根上に城を構えるタイプが望月城以外でも新宮城・新宮支城、寺前城・村雨城などに認められ、甲賀におけるひとつの城郭構造のあり方を示しているようです。二つの城が並立して存在することより群郭方形型(並立型城館)と呼んでいます。

新宮城・新宮支城（甲賀市甲南町新治）

甲賀市甲南町新治には新宮城・新宮支城、寺前城・村雨城、竹中城などが集中して築かれています。新宮城は南北約六〇m、東西約六〇mを測る方形の主郭と、その東側に伸びる尾根の先端部に六段の削平地を階段状に設けています。ただし、先端部の広大な削平地は畑地などで改変されている可能性が高いようです。主郭の周囲にはぶ厚い土塁が巡り、最も高く残る南辺土塁で四mを測ります。尾根が続く西側では土塁の外側に尾根を切断する巨大な堀切が設けられています。主郭の土塁は北辺、西辺、東辺の三ヶ所で開口しています。このうち西辺の開口部は堀切の土橋に対応しますが、堀切より西側は自然丘陵となり、城郭遺構は認められないことから、この堀切に土橋は必要なく、近世以降の山仕事に伴い堀切に架けられたものと考えられます。したがって、この土橋と対応する西辺の開口も新しいものと考えられます。北側の開口も土塁外側は切岸となっており、こちらも本来の虎口とは考えられません。主郭への虎口は東辺に構えられた開口部と考えられます。

新宮城で、最も注目される遺構はこの主郭虎口の前面に構えられた副郭の虎口構造です。副郭の東南隅部に構えられた虎口はL字状に屈曲しており、明らかに枡形を意識したもののようです。規模は小さいですが、発達した虎口が甲賀の城で確認できる数少ない事例です。

新宮城と、五〇mほどの小さな谷を隔てた南側の尾根の先端部に築かれているのが新宮支城です。南北約六〇m、東西約六五mを測る方形の主郭とその東側に構えられた数段の帯曲輪から構成されています。主郭の周囲に巡る土塁は圧倒的な高さを誇り、南西隅部では九・八四mを測り、甲賀でも最大規模の土塁です。主郭の南方に伸びる尾根を遮断するために土塁の外側には巨大な堀切が設けられています。さらに、北側は尾根の先端となるため堀切を設けないのが普通ですが、支城では巨大な堀切が設けられています。支城と呼ばれてはいますが、実は新宮城よりも大規模な土木作業をおこなっています。

これだけの城ですが、望月城と同様に城主や来歴についてはまったく伝えるものがなく不詳です。やはり新治周辺を所領する土豪の城として群郭方形型（並立型城館）の城が採用されたものと考えています。

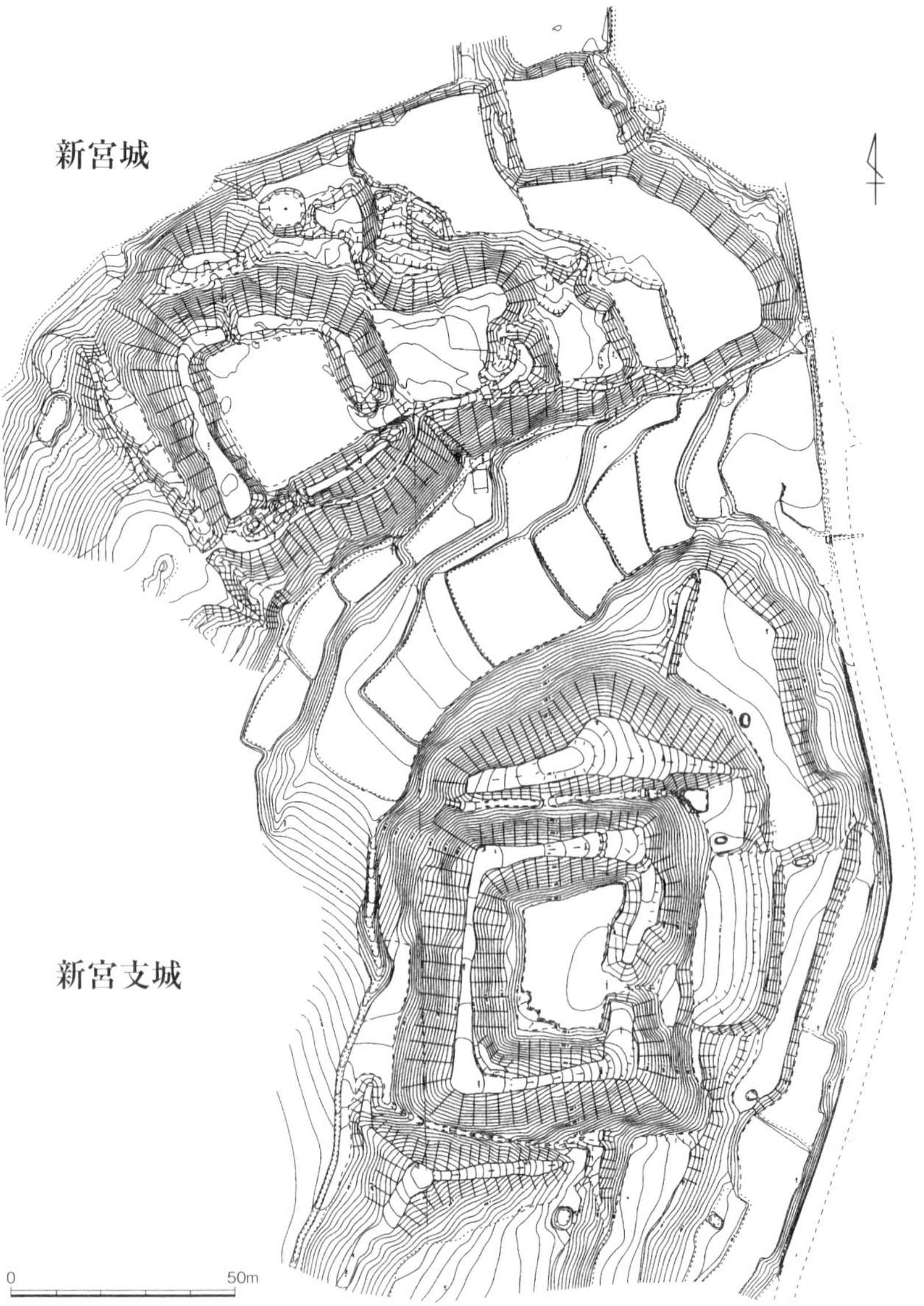

新宮城・新宮支城測量図
（甲賀市教育委員会2008『中世城館遺跡（甲南地域）調査報告書』による）

寺前城・村雨城（甲賀市甲南町新治）

新名神高速道路の、甲南ICのすぐ南に見える丘陵が寺前城・村雨城です。城は南から北へ延びる尾根筋の先端に構えられています。尾根の最先端に構えられているのが寺前城で、その背後に自然地形を少し残して村雨城が構えられています。望月城・望月支城や、新宮城・新宮支城が谷を隔てて尾根先端に構えられた群郭方形型（並立型城館）であるのに対して寺前城・村雨城は同一尾根上に構えられた群郭方形型（並立型城館）となります。

背面に選地する村雨城は、南北約六七m、東西約五七mを測るややいびつな方形の主郭と、西側に副郭を構えています。主郭の周囲にはやはりぶ厚く巨大な土塁が巡らされています。特に南東隅部は高く、六・六mを測ります。また、村雨城の主郭土塁は東辺から南辺にかけて階段状に一段ずつ高くなっており、櫓台の痕跡と見られます。南側の尾根続きには土塁直下で堀切を設けるとともに堀切の外側に土塁を構えて障壁としています。

副郭は、この堀切の土塁によって背面を防御しているのですが、土塁の外側は自然地形となっており、やや防御意識は欠けているようです。しかし、副郭の前面は土塁をL字状に折をつけて設けており、主郭虎口に対して見事に横矢を効かせています。ここにも発達した防御施設を導入していたことが認められます。

村雨城主郭の北側にも巨大な堀切が設けられており、その外側には旧地形の尾根筋が続きます。そして、その前面に巨大な堀切が設けられていますが、この堀切は群郭方形型（並立型城館）として築かれた寺前城の背面堀切となります。寺前城は南北約四八m、東西約三五mを測ります。背面には先ほどの旧地形の尾根を切断する堀切と、さらに、この堀切と主郭間の切岸面の中段にもう一本の堀切を設けて背面防御を強固なものとしています。主郭の東辺には土塁が認められませんが、これは開墾によって削り取られたものです。残存する土塁は南辺が最も高く、五・八五mを測ります。

虎口は、北辺と西辺の二ヶ所に設けられており、特に西辺虎口は前面に虎口受けの平坦面を持ち、北側正面からは虎口が見えないように工夫されており、北辺虎口が攻められた場合、この東辺虎口から攻め出せるようになっています。北辺土塁の外側には空堀が設けられ、虎口の前面にのみ土橋が架けられています。この空堀の前

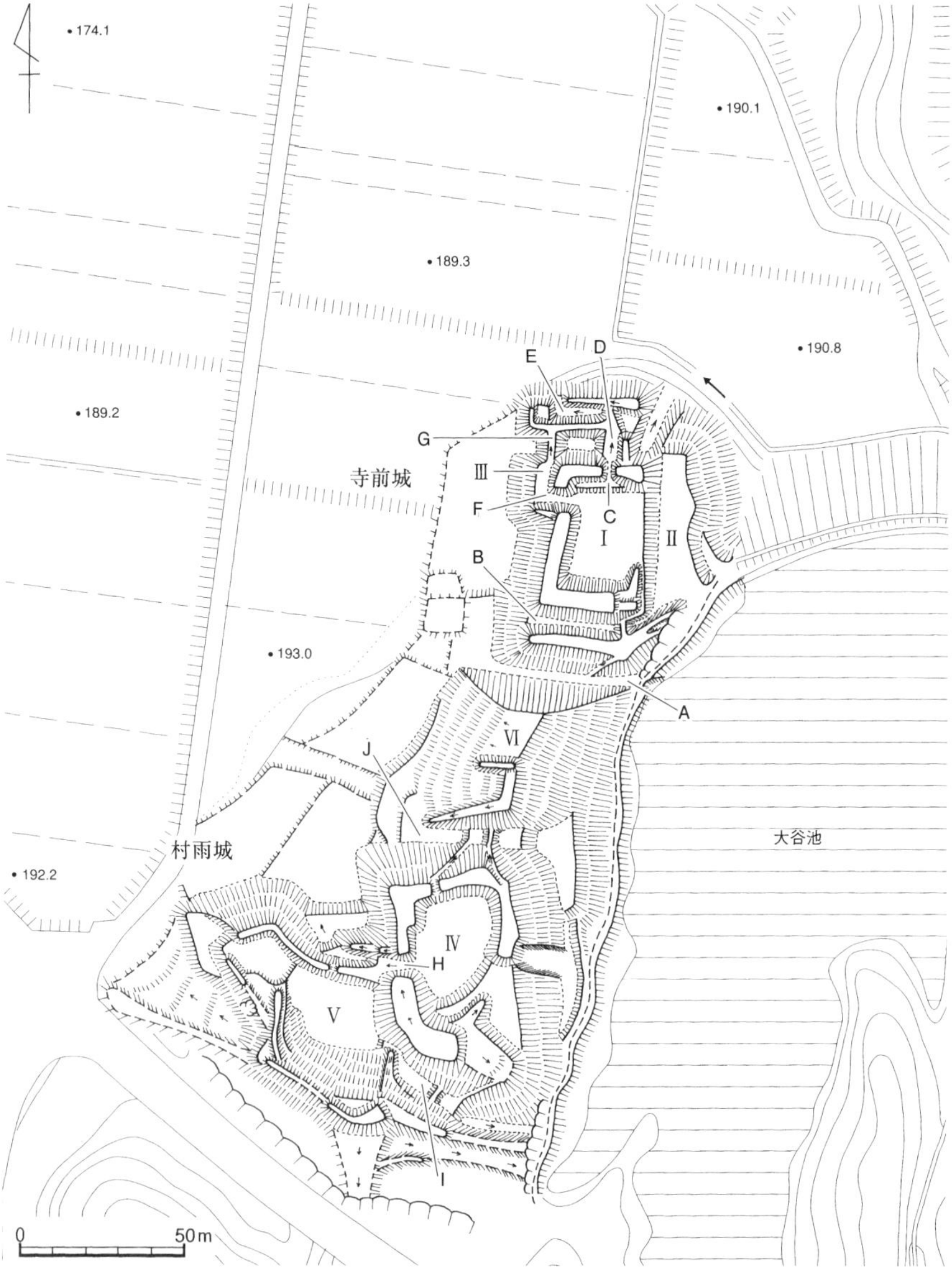

寺前城跡・村雨城概要図（中井均作図）

面に虎口に至る通路が設けられていますが、この城道は城の北西端に構えられた櫓台から横矢が掛けられるようになっています。このように、寺前城の北辺虎口構造は非常に複雑で、発達した構造の虎口が導入されています。中間に自然地形を残しているため、これまでは群郭方形型（並立型城館）と考えられていましたが、注意深く観察すると自然地形も削平して土塁を設けた痕跡が認められ、村雨城・寺前城が決して分離独立した別の城と考えられるのではなく、実は甲賀型を連続させたひとつの城として理解すべきではないかと考えられます。

和田城館群（甲賀市甲賀町和田）

　和田の谷とは、東西約一五〇m、南北約一、〇〇〇mの細い谷筋を指しています。この谷筋へ突出する尾根の先端には和田川の右岸に殿山城、公方屋敷、棚田山城、和田城が、左岸に公方屋敷支城、和田支城Ⅲ、和田支城Ⅱ、和田支城Ⅰが築かれています。この小地域にこれだけの城館が密集するのは甲賀のなかでも異彩を放っています。こうした密集地は、和田以外にも甲賀市甲賀町隠岐、甲賀市甲賀町高嶺、甲賀市甲南町下馬杉、甲賀市甲南町上馬杉などにも認められます。

　和田谷の城館も、基本的には方形の土塁囲いの主郭を中心として、尾根の先端に数段の曲輪を設け、背面の尾根筋に対しては堀切を設けるという構造です。

　ところで、甲賀の城は一村一城という規模で築かれていると考えられていますが、この和田谷では和田城の城下に集落が存在するに過ぎません。つまり、村の存在しない丘陵の先端にも城が構えられているのです。これは何を意味しているのでしょうか。おそらく、個々の城がそれぞれ単独で存在するのではなく、和田谷に構えられたすべての城がひとつの城として機能していたのではないでしょうか。甲賀や伊賀以外の地域では山頂に主郭を配し、曲輪を階段状に配置する山城が発達します。これに対して甲賀では、方形単郭というプランが変化することなく、大規模な城もこの単位を尾根ごとに配置していくという構造になったのではないかと考えられます。和田谷に侵入してきた敵は谷の両側より攻められることとなるわけです。

　なお、室町幕府の十五代将軍足利義昭となる一条院覚慶が南都を脱して最初に頼ったのが和田惟政の館であっ

和田谷の城館分布図（中井均作図）

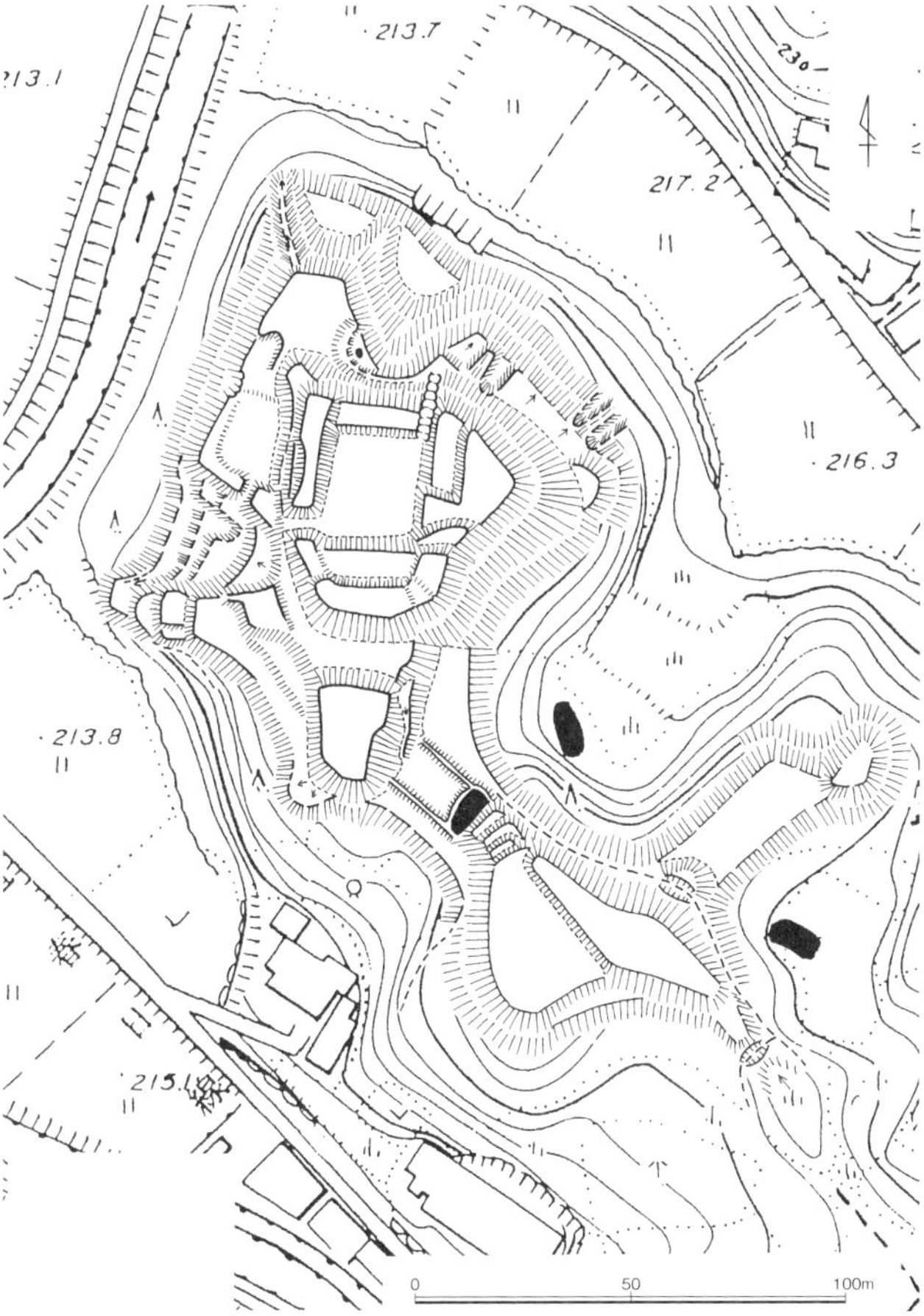

和田城概要図（中井均作図）

公方屋敷

和田城

たと伝えられており、殿山城の南西山麓の谷筋は公方屋敷と呼ばれており、義昭が滞在した館であるといわれています。その痕跡を示すものはありませんが、和田谷全域で一つの城と考えたならばその館は谷内に存在したはずであり、立地や広さからはこの公方屋敷は理想的な場所であり、和田谷の居館であったと考えられます。

竜法師城（甲賀市甲南町竜法師）

竜法師城は、杣川と呼ばれる野洲川を望む丘陵の先端に築かれています。その構造は背面の丘陵を掘り込んで堀切として背面防御施設とし、その前面に二段からなる削平地を構えるもので、これまで紹介してきた甲賀の城とは少し違う構造となっています。大半の甲賀の城はぶ厚く、高い土塁を巡らせた方形の主郭を中心として築かれていますが、竜法師城では丘陵の先端を二段に削平するのみで、その前面には土塁も構えられていません。こうした構造はどうも普遍的な甲賀の城とは機能が違う城として築かれたことを示唆しているようです。

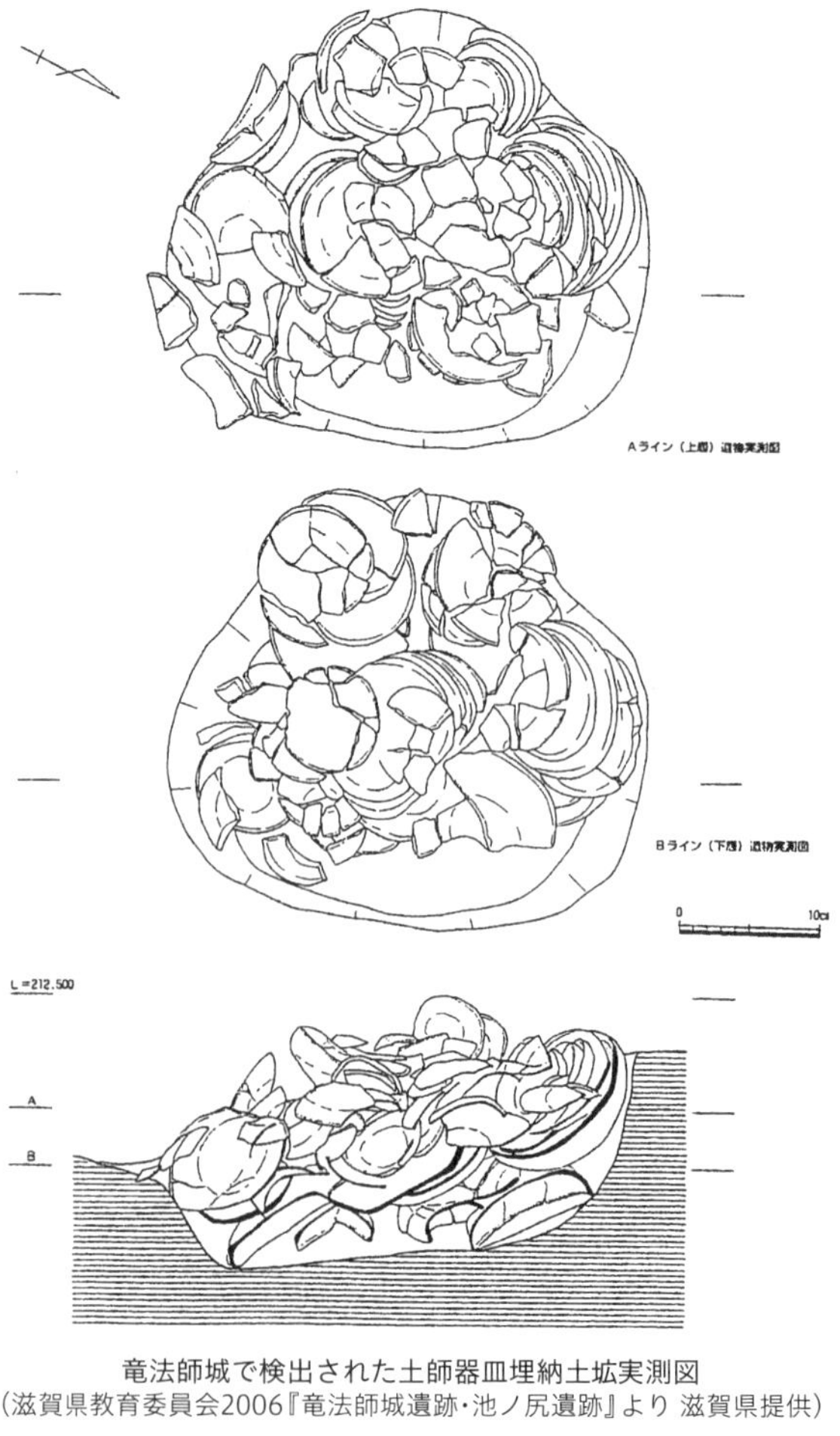

竜法師城で検出された土師器皿埋納土壙実測図
（滋賀県教育委員会2006『竜法師城遺跡・池ノ尻遺跡』より 滋賀県提供）

竜法師城は、平成十五年度に発掘調査が実施されました。その結果、曲輪と考えられていた二段の削平地からは建物の痕跡が検出されませんでした。ただ、注目されるのは、この曲輪の背後に巡る土塁の一画から土師器皿を埋納した土坑が検出され、かわらけが出土したことです。出土したかわらけは直径九・五～一一㎝の大皿が二〇枚、直径七～八㎝の小皿が四二枚、合計六二枚ありました。これらは投棄されたものではなく、何らかの儀礼に伴って埋められたものと考えられます。

その使用については、小皿が飲酒用のかわらけで、大皿は肴として熨斗あわび、昆布、栗などが盛られたかわらけと考えられ、この城で行われた儀式の共食共飲に用いられたかわらけであったようです。

城内の共飲共食にかかわるものとして、注目できるのは『大原同名中与掟条々』の中に記された「手はしの城」です。この手はしの城とは同名中の居城ではなく、同名中が共同で築き、共同管理の城のことではなかったかと考えていきます。竜法師城が他の甲賀の城と構造的にも相違するのは居城ではないことを示しており、こうした点からもこの城が手はしの城であった可能性は高いと考えられます。また、建物が一切検出されなかった点も居城的性格の城でないことを示しているようです。共食共飲は竜法師城の築城に関わった同名中の構成員が完成した城でおこなったもので、その饗宴ののちに埋納したものと考えられます。

植城（甲賀市水口町植）

植城は、伝山中氏城館の北西に位置する城館です。その規模は南北一町半（約一五〇ｍ）、東西三町（約三〇〇ｍ）を測る巨大なもので、さらに、この規模の方形区画の内部を土塁と堀によって細かく区画した複郭構造となっています。その規模、構造は甲賀の城館群のなかでも異彩を放っています。

区画は、まず東西方向にほぼ均等に三分割され、さらに、その三分割された屋敷地が細かく分割され、十三の屋敷地が想定されます。この屋敷地に大小のばらつきがあるのは屋敷の主の上下関係を示しているものと考えられます。このひとつひとつの屋敷地は土塁と堀によって区画されていますが、なかには「お局屋敷」と屋敷地名を伝える区画もあります。

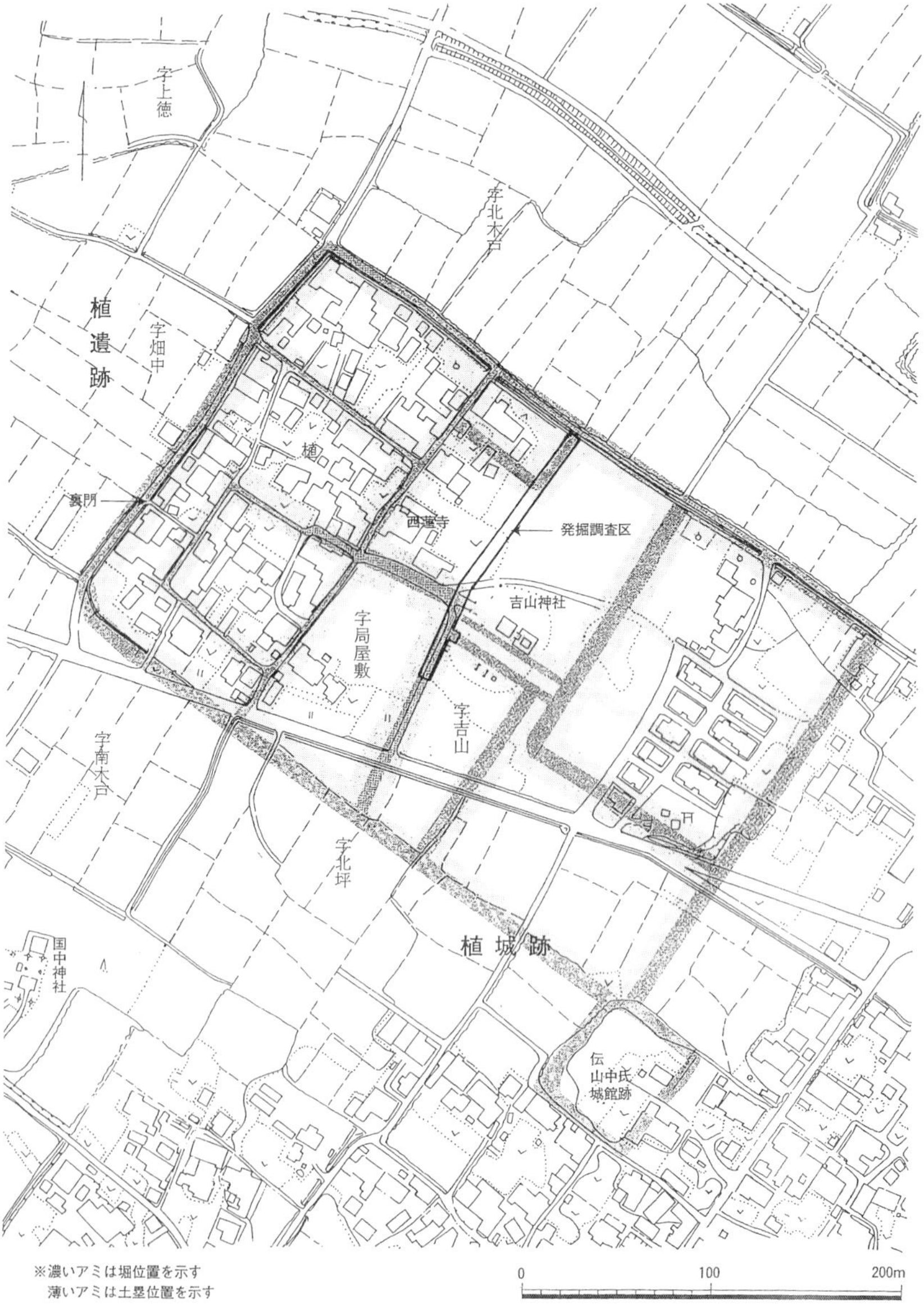

植城縄張り推定図（滋賀県教育委員会2006『植城遺跡』より 滋賀県提供）

平成十六年度には、城のほぼ中央部で発掘調査が実施され、南北方向の堀と土塁が検出されました。検出された堀は幅一三m、深さ五mにおよぶ巨大なもので、その脇にあったと考えられる土塁はすべて削平されていましたが、現存する土塁から推定すると、高さ三m以上、基底部幅一〇mを超える巨大なものであったようです。これらの遺構は戦国時代に築かれたものであることも判明しました。

甲賀では谷筋の尾根先端に築かれた城は、巨大化することがなかったのですが、平地においては植城のように巨大化をたどったものも出現するようです。しかし、その巨大化も方形区画を集合するというものでした。この巨大化は軍事的に発達したものでないことは明らかです。おそらく、他の甲賀地域では惣領と庶子の共和型一族結合によって多くの城館が構えられたのですが、植城の場合は同じ一族結合であっても城館が分散するのではなく、一ヶ所に集中して一族の城館が構えられた結果だと考えられます。植城のような一族が同居するタイプは北脇城（甲賀市水口町北脇）にも認められます。

土山城（甲賀市土山町北土山）

土山城は一辺五〇mの方形単郭構造で、典型的な甲賀の城館です。しかし、虎口に注目すると虎口土橋の前面に方形の小曲輪が突出して構えられています。これは角馬出と呼ばれる戦国時代後期に出現する高度な防御施設です。土山城ではこの角馬出の前方にも方形に築かれた土塁が構えられており、さらに、防御機能を高めています。約三〇〇ヶ所に分布する甲賀の城館で角馬出が構えられているのは土山城以外には認められません。『甲賀郡志』には土豪土山鹿之介の居城と記されていますが、在地の土豪に角馬出を構える築城技術はまず考えられません。

天正十二年（一五八四）三月十三日付の丹羽長秀に宛てた羽柴秀吉の書状には、「甲賀より伊勢之間ニ城三ヶ所、為通路城申付、普請拵申候事」とあり、また同年十月二十四日付片切半右衛門尉に宛てた秀吉の書状には、「今日至土山令著陣（陣）候」とあり、小牧長久手合戦に秀吉は東海道を通行して向かった際に土山に陣を拵えたことがうかがえます。その陣こそ元来存在した土山城の虎口部分に馬出を設けて改修した現存する遺構の土山城と考えられます。

おわりに

甲賀郡では、惣領家と庶子家が共和的に結合し、同名中を組織します。戦国時代後半にはこの同名中が甲賀郡全域で郡中惣を組織します。甲賀の城館のあり方はこうした体制を具現化したものと考えられます。ところで、一辺五〇m程度の規模の城で実際に戦えたのでしょうか。ここで加藤清正が朝鮮より宛てた手紙を紹介したいと思います。「一、吾郎哈（オランカイ）百姓は巳下の体、守護たる者これなく、むかしの伊賀・甲賀のごとくにて、一在所一在所要害を構えこれあるについて、四、五ヵ所成敗せしめ候、ここにより、残る所何れも明け退き申し候間、放火仕り、まず討ち入り申し候事」（天正二十年（一五九二）九月二十日付、木下吉隆宛書状）とあり、朝鮮の村は昔の伊賀、甲賀のように在所在所に城を構えていると記しています。もちろん、清正自身が伊賀や甲賀を攻めたことはなく、ここでは当時の常識として伊賀や甲賀には在所在所に城のあったことが知られていたことを示しています。攻める側は小規模であってもそれらをひとつひとつ落としていかなければならないわけで、甲賀では谷に入り込んだ敵は多くの城からの攻撃を受けることになったものと思われます。小規模であっても数多くの城を構えることによってひとつの巨大な城以上の効力を発揮したものと思われます。

『大原同名中与掟条々』には、「一、他所与同名之衆弓矢喧嘩之時、於鐘鳴者、惣庄之百姓等、至堂僧迄、悉得道具ヲ持、可罷出者也」とあり、同名中が戦う場合、鐘が鳴らされると、庄内では僧侶にいたるまで得意の道具を持って戦うことを定めています。城は軍事的な防御施設ですが、それは戦国大名たちが領国拡大のためにのみ利用されたのではなく、村を守る自衛の城でもあったことをこの掟書は見事に記しています。

第六章　近江守護の城・観音寺城

はじめに

　観音寺城は、戦国時代の五大山城のひとつといわれています。その規模は広大で、東西九〇〇m、南北五〇〇mにおよんでいます。戦国時代の山城の典型として昭和五七年に国史跡に指定されました。

　しかし、戦国時代の城郭研究が進むとこの観音寺城は非常に特異な山城であることが指摘されるようになりました。例えば、通常の普遍的な山城の場合、主郭は山頂に構えられ、そこから階段状に曲輪が配置されるという構造となります。ところが、観音寺城では本丸が山頂ではなく、一段下がった個所に構えられています。また、城郭は軍事的な防御施設ですが、観音寺城の場合、分譲住宅地のように階段状に曲輪を配置するのみで、曲輪に軍事性がまったく認められません。一方で、安土城に先駆けて石垣を導入しています。こうしたイレギュラーな構造には観音正寺の存在があるようです。ここでは近江守護の居城であった観音寺城について観音正寺とのかかわりから探ってみたいと思います。

観音正寺

　観音正寺は、西国三十三観音霊場の第三十二番札所として著名です。寺伝を記した『寺社由緒帳』（観音正寺文書）によると、聖徳太子によって創建され、三十三坊を有する伝承を持つ古刹です。ところで、観音正寺や観音寺城が構えられた繖山は湖東平野に屹立する標高四三二・九mの山です。山頂付近に巨石が林立しており、古くは山岳信仰の山であったことがうかがえます。その山頂付近の岩陰には観音正寺の奥の院として磨崖仏が刻まれており、その作風から平安時代末のものと考えられます。さらに、江戸時代に城を描いた「佐々木古城跡繖山観音山画図」（別名「（佐々）木古城跡観音城絵画）」、「観音寺佐々木本古城跡絵図」）には山頂付近の曲輪に根本観音堂と記されています。このように創建当初の観音正寺は山頂付近に観音菩薩を祀り、磨崖仏を刻んだものだったようです。

観音正寺奥の院磨崖仏

それが中世のある時期、山頂よりやや下ったところに巨大な伽藍を構える寺院に変容していったようです。これは山頂部が霊山であり、そうした神奈備に直接寺院を建てることが憚られたためであろうと考えられます。その中世観音正寺を描いたと考えられる絵巻物が存在します。

桑実寺（くわのみでら）は、観音正寺と同じ繖山に創建された寺院です。ここには室町幕府十二代将軍足利義晴が京都を追われ、享禄五年（天文元年：一五三二）より約三年間避難しており、仮幕府が置かれました。この寺院の縁記絵巻の作成について六角定頼が発願し、土佐光茂に描かせたものが『桑実寺縁起絵巻』二巻で、現在国の重要文化財に指定されています。この絵巻のなかに桑実寺とは別にもうひとつの寺院の景観が描かれています。これが観音正寺を描いたものであることはまちがいありません。ところで、『桑実寺縁起絵巻』の特徴は描かれた風景が実際の景観を描いたものである点です。亀井若菜氏の研究によれば絵師土佐光茂は度々桑実寺を訪れており、そこから見た風景を描いたことを明らかにされています（亀井若菜「第二章「桑実寺縁起絵巻」について『表徴としての美術、言説としての美術史―室町将軍足利義晴と土佐光茂の絵画―』星雲社二〇〇三）。実際現在でもその場に立てば絵巻と同じ景色を見ることができます。こうした特徴より描かれた観音正寺も写実的に描いていることはまちがいありません。さて、描かれた観音正寺は七間正面の本堂と、その脇に三重塔、さらに小堂から構成されています。本堂前には石段があり、伽藍の三方には山肌に露頭した岩盤が描かれています。

　では、こうした伽藍がどこにあったのでしょうか。三方に岩盤が描かれていることより山頂ではなく、一段低い場所であったことはまちがいありません。本堂前の石段などの状況より中腹の細長い平坦地であったと見られ、おそらく、現在の観音正寺の境内地であると思われます。絵巻は享禄五年（天文元年：一五三二）に作成されていることより、少なくともその時代までは山上に伽藍の存在したことは確実です。

観音正寺の参道と見られる本谷道

本谷道に面した曲輪（想定坊院）の石垣

　さらに、現在観音正寺の南側の斜面地一帯には階段状に曲輪が配置されていますが、これらは本来観音正寺の坊院として構えられた削平地と考えられます。直線的に配置された道は元来参道として敷設されたもので、その両側には坊院が構えられていました。この坊院の間に配置された参道は「本谷道」と呼ばれ観音正寺への参詣道であったことがうかがえます。

観音寺築城

　さて、こうした観音正寺に今度は佐々木六角氏頼によって城郭が構えられることとなります。近江守護佐々木氏は当初小脇館（東近江市）を居館とし、その後金剛寺館（近江八幡市）、金田館（近江八幡市）へと移動します。そして、南北朝の内乱が勃発すると観音正寺に城郭を構えます。こうした行為は南北朝時代の特徴で、鎌倉幕府の騎馬が登れないような急峻な山岳地に閉籠する行為そのものを「構城郭」と記しています。六角氏頼も守護国内に屹立する繖山に着目し、居城としました。しかし、こうした南北朝時代の山城は極めて臨時的な施設であり、合戦が終了すると用いられなくなります。ところが、六角氏は南北朝の内乱後もそのまま観音寺城を居城としたようで、ここに観音正寺と観音寺城の同居が始まります。もちろん当初の観音寺城は観音正寺をそのまま利用していたと考えられますが、室町時代には居城としての城郭の体裁が整えられたものと考えられます。それが現在の本丸、平井丸、落合丸、池田丸と呼ばれる一画です。ここは本丸と称しながら繖山の山頂に選地していません。従来、こうした山頂部に城郭の中心部が位置しないという構造が城郭としては非常に特異な構造として扱われていました。しかし、観音正寺と共存する段階で、観音正寺の奥の院や根本観音堂が位置する山頂には城は築けなかったはずです。したがって、観音正寺とは別の場所に城を構えなければならなかったわけです。こうして繖山の西尾根を利用した城郭がまず構えられたと考えられます。

　ところが、戦国時代になると観音正寺と観音寺城の関係が主客逆転します。さらに、この段階で観音寺城では画期的な構造の変化がおこります。家臣団の集住にともなう屋敷群の構築です。戦国時代の山城は基本的には防御空間としての詰城であり、居住施設としての館は山麓に構えられています。しかし、戦国時代の後半になると戦国大名クラスの巨大な山城では山城部分にも居住空間を持つようになります。観音寺城でも発掘調査の結果、本丸、平井丸、池田丸では大規模な礎石建物が検出されており、居住施設として使われていたことが明らかとなりました。連歌師谷宗牧の日記『東国記』には二階建の建物が存在したことも記されています。さらに、『鹿苑日録』には「霜台（六角定頼）神左有返事二月旦日付也、四郎殿（六角義賢）留山御留主之間」とあり、守護六角氏が観音寺城の山城に住んでいたことが確認できます。

　また、観音寺城では城主である六角氏だけではなく、その家臣団も山上に屋敷を構えるようになります。江戸時代に作成された『観音寺佐々木本古城跡絵図』には、山上部分に、沢田、楢崎、永原、馬渕、三井、伊庭等の屋敷名が、観音正寺の南斜面地には後藤、進藤等の屋敷地名が、東側には日賀田、鯰江等の屋敷地名が記されています。これらをすべてそのまま信じることはできませんが、すでに江戸時代に城郭としてだけではなく、家臣団の屋敷として認識されていたことは注目されます。『鹿苑日䤼』には、「九日、円満寺斎了、登観音寺城、午後神左之宅仁落付、於神左斎、馬淵源左衛門相伴、慈雲響太、」と記されており、家臣たちも山上で暮らしていたことがうかがえます。永禄六年（一五六三）に六角義治が後藤父子を観音寺城中で殺害するという、観音寺騒動が勃発すると、山上にいた家臣たちが屋敷に火を放って、それぞれの領地の村に引き上げました。『長享年後畿内兵乱記』には、「十月一日。佐々木四郎殿後藤父子三人生害。然者永田刑部少輔三上池田進藤平井其外後藤家来衆自焼。面々館江取退。干時観音寺騒動。」と記されています。こうした記録より、観音寺城の山上には家臣たちも大勢住んでいたことが知られます。観音寺城は天空の都市であったのです。同様に山上に都市的な機能を有していた城として播磨守護所であった置塩城（兵庫県姫路市）などがあります。

こうした、家臣団の山上の集住によって観音寺城には数多くの屋敷地が構えられるようになり、それまで神聖視されていた繖山の山頂にまで屋敷が構えられるようになったものと考えられます。

観音正寺の山麓移転と観音寺城の落城

さらに、戦国時代後半になると観音寺城の勢力が圧倒的に強くなり、ついに観音正寺が山麓に移転させられ、参詣人の山上への参拝が禁止されることとなります。山麓の石寺には観音谷と呼ばれる一画があり、ここが観音正寺の移転した場所であると伝えています。その移転時期については永禄年間（一五五八～七〇）と伝えられています。そして観音寺城が落城した後、慶長二年（一五九七）に再び伽藍が山上に戻ったと伝えられています。

こうして、観音正寺が山麓に移転したことで繖山には伽藍や坊院が残ったものの基本的には城郭機能のみとなり、観音寺城の最盛期を迎えたものと考えられます。しかし、その盛期は短く、永禄十一年（一五六八）には織田信長が上洛に先立って観音寺城を攻めることとなりました。六角承禎は戦わず観音寺城を退去し、甲賀へと遁走します。『信長公記』には「佐々木承禎が館観音寺山へ攻上るべき御存分の処に、佐々木父子三人廃北致し、十三日に観音寺山乗取り御上り候。これに依って、残党降参致し候間、人質を執固、元のごとく立置かれ、一国平均候。」とあります。この「元のごとく立置かれ」より観音寺城は炎上しなかったようです。おそらく、建物は解体され、廃城となったものと思われます。

観音寺城の構造

さて、観音寺城の中心部である本丸、平井丸、池田丸は昭和四十四〜四十五年度に発掘調査が実施されており、いずれの曲輪からも数多くの礎石建物が検出されています。本丸では六棟の礎石建物や基壇、溝、溜枡が、平井丸では一棟の礎石建物が、池田丸では六棟の礎石建物や溜枡などが検出されています。これらは明らかに恒久的な居住施設であり、山上に守護六角氏の居住施設の存在したことを如実に示しています。

平井丸に残る埋門（※現在天井石は崩落している）

しかし、繖山の山麓には伝御屋形と称される一画が存在しています。一辺五〇mの方形プランとなる構造で、南面には高石垣が廻らされています。御屋形が山麓に位置しているのに山上に居住空間が構えられているのは、いわゆる戦国山城の二元的構造では理解できません。一般的に戦国期の山城は詰城としての防御空間であり、山麓の居館が屋敷としての居住空間という二元的構造となっています。ところが観音寺城では山上、山麓ともに居住空間が存在しているのです。実はこの現象は観音寺城だけの特徴ではなく、戦国期後半にな

本丸西下の井戸

ると戦国大名クラスの山城では山上にも居住空間を持つようになります。例えば近江では北近江の戦国大名浅井氏の居城、小谷城がその典型例です。

小谷城は、大きく山頂の大嶽地区と、中腹の尾根頂部に構えられた本丸・大広間地区と、山麓の清水谷地区から構成されています。清水谷の最奥部には浅井屋敷と呼ばれる一画があり、ここが山麓居館と考えられます。一方、中腹尾根頂部に構えられた本丸・大広間地区では発掘調査の結果、巨大な礎石建物が検出されており、山上

山麓の伝御屋形の石垣

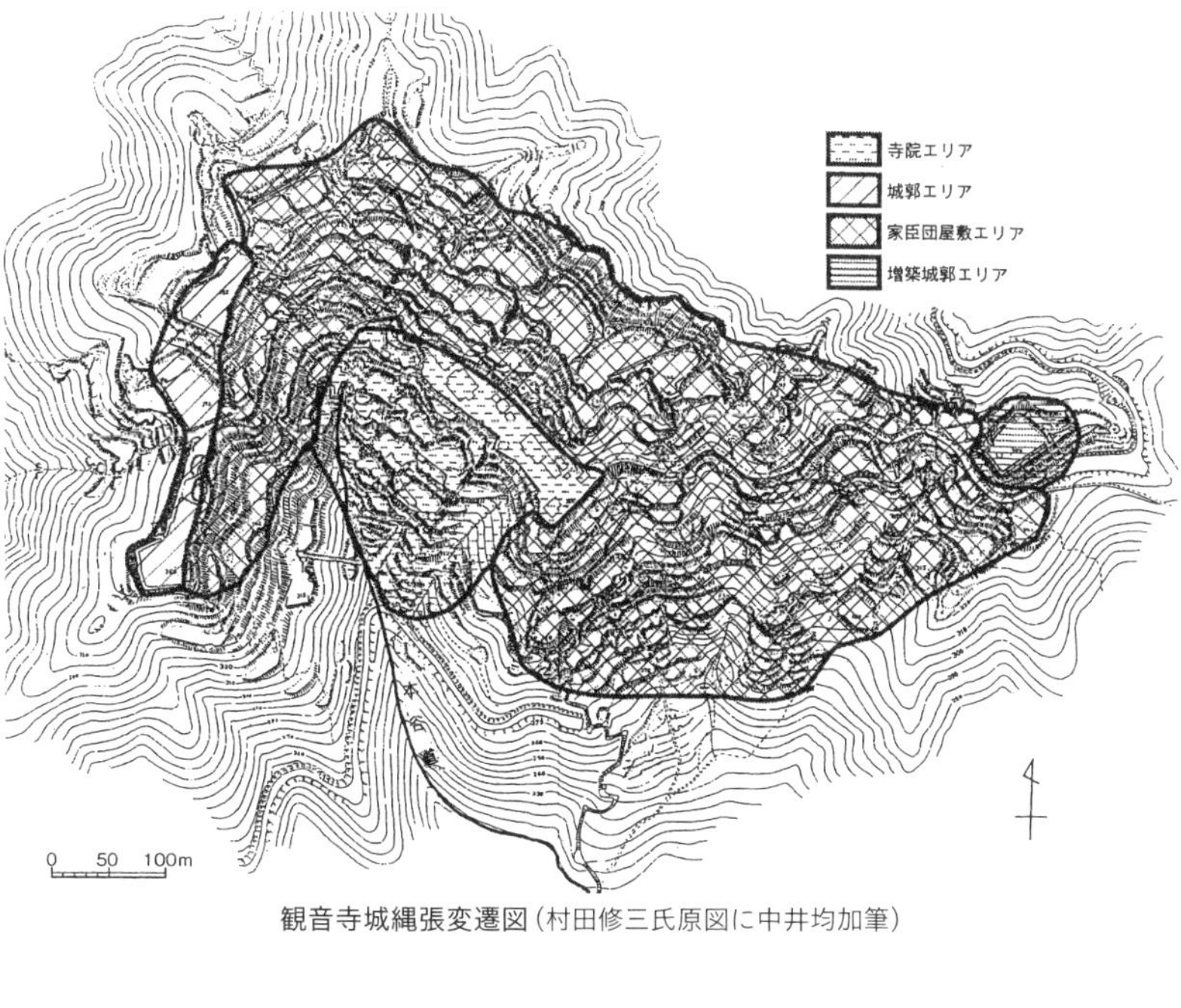

観音寺城縄張変遷図（村田修三氏原図に中井均加筆）

にも恒常的な居住空間の存在したことが明らかになっています。

　このように、戦国大名の居城では山上、山下の両方に居住施設が構えられていたことがわかります。では、いったい何のために両方に居住空間を設ける必要があったのでしょうか。山上の居住施設に関しては大名の夫人や子息などが住んでいたようです。例えば、織田信長の岐阜城を訪れたルイス・フロイスは山上には信長の夫人と子息のみが仕えていたと報告していますし、安芸の吉田郡山城では山城に城主毛利輝元と夫人の居住していたことが知られています。こうした事実より、山上の居住空間は大名のプライベートな空間であったようです。つまり、山麓の居館は表の空間で、公邸として利用されており、山上の居住施設は奥の空間で、私邸として利用されていたものと考えられます。観音寺城でも山麓居館は公邸であり、山上の本丸などは私邸として並存していたと考えられます。

観音寺城の石垣

観音寺城の最大の特徴は、城域の大半が石垣によって構えられていることです。安土城以前の城郭に導入された石垣として画期的なものです。ところでこの観音寺城の石垣について注目される記録が金剛輪寺所蔵の『下倉米銭下用帳』です。金剛輪寺の会計簿ですがここに石垣についての記載があります。ところが、『下倉米銭下用帳』が昭和五十二年に火災に遭い、縁辺部が炭化してしまい解読が困難な状態となってしまいました。それを平成二十三年に、東京大学史料編纂所の撮っていたマイクロフィルムがデータベース化され、愛荘町文化資料館より『金剛輪寺下倉米銭下用帳』として刊行されました。ここで『下倉米銭下用帳』に記された観音寺城の石垣に関する部分を記しておきます。

「八升　御屋形様惣人所下石垣打、
六升　同石垣之事談合衆会酒、
二斗八升　同石垣之事二三上左衛門殿江樽一荷遣候分、
八升　御屋形様御石垣打申付西座より
六升　同石垣賄之事西座中之間談合之衆会酒、
一升　賄之事三上宗左衛門殿へ状持行（弘治弐年：一五五六）」

ここでは、観音寺城の石垣構築に金剛輪寺の西座衆が大きくかかわっていたことがわかります。おそらく、武家側になかった石垣構築技術を観音寺城に採用するために六角氏の重臣三上氏の使者として谷十介が度々金剛輪寺を訪れ、観音寺城に石垣を築くため談合をしていたことがうかがえます。

さらに、今ひとつ観音寺城の石垣構築技法に関して滋賀県教育委員会の北原治さんが重要な研究を発表されました。それは観音寺城の石垣の石材が矢穴技法によって割られていることを明らかにされたことです（北原治「矢穴考―観音寺技法の提唱について―」『紀要』21（財）滋賀県文化財保護協会　二〇〇八）。矢穴とは石材を採る（割る）技術のことで、母岩となる石に長方形のほぞを穿ち、そこに楔（くさび）を入れ、その楔を玄翁（げんのう）で打ち、母岩より石材を割り取ると、石材にほぞが歯型のように残った痕跡のことです。そしてこうして割り取る技法を矢穴技法と呼んでいます。

池田丸下段石垣の矢穴

矢穴技法は、これまで慈照寺（銀閣寺：京都市）では十五世紀半ばの石垣で確認されており、また田辺城（京田辺市）でも十六世紀初頭の石垣で確認されていましたが、安土城では認められていなかったことより、寺院の石垣では十五世紀に出現するものの城郭の石垣へは天正十一年（一五八三）の大坂城に導入され、慶長年間（一五九六～一六一五）以降に定着したものと考えられていました。したがって、弘治二年に積まれた観音寺城の石垣には存在しない技法と考えられていました。それが今回確認されたことにより、『下倉米銭下用帳』に記された通り、金剛輪寺という寺院の技術によって積まれた石垣であることが明らかとなりました。

現在のところ、矢穴技法は観音寺城のほぼ全域で確認されています。特に池田丸の周囲に巡る石垣と、権現見附付近の石垣に多用されています。また池田丸の南斜面の一段下には矢穴の認められる石材が点在しており、この付近が石切場（採石場）であったものと考えられます。ただ、矢穴の認められる石材はそう多くはなく、これは時期的なものか、工人によるものかは不明です。矢穴技法と粗割りとの間に時間差が存在したのか、矢穴技法を保持する工人集団が担当した部分にのみ用いられたのかのいずれかであろうと考えられます。

さらに、観音寺城の矢穴技法には工法的な特徴があることを北原さんは指摘しています。それは矢穴が石材隅部の二〜三ヶ所にのみ穿たれていることで、それは隅部にのみ集中させて矢穴を設けて石を割ったものと考えられています。こうした工法を「観音寺技法」と呼ぶことを北原さんは提唱されています。

なお、山麓の伝御屋形の石垣にも矢穴技法によって割られた石材が確認されています。これまで、御屋形の石垣は出隅部が算木積みとならず、稜線も歪であることより古式の石垣として位置付けられていましたが、矢穴技法が確認されたことより、実は山上の曲輪群とほぼ同時に築かれたことがわかります。こうした点からも山下と山上とが同時に利用されていたことはまちがいないようです。

観音寺技法と呼ばれる矢穴技法は寺院側の技術であり、それを守護六角氏が観音正寺と共存していた段階に城郭部分を補強するために援用したものと考えられます。一方、観音正寺も坊院に石垣を構えており、繖山全体が石垣で構えられる構造となったわけです。観音寺城の石垣のすべてが観音正寺に伴うものでは決してありません。それは観音寺城以外の湖南の諸城にも石垣の存在することから明らかです。次にこうした湖南の城郭の石垣を観察してみたいと思います。

湖南地方の城郭石垣

現在、湖東から湖南にかけて、佐生日吉城（東近江市）、星ヶ崎城（竜王町）、小堤城山城（野洲市）、三雲城（湖南市）で石垣が確認されています。いずれも六角氏領の城郭であることよりこれらの石垣は六角氏の築城の特徴として捉えることができます。このうち小堤城山城と三雲城の石垣石材には矢穴が認められ、これらが同一の工人集団の手によって築かれたものであることがわかります。つまり、観音寺城の本丸、平井丸、池田丸は決して観音正寺の遺構ではなく、城郭として築かれたものであり、こうした技術が湖東、湖南の重要な支城にも導入されたわけです。

ところで、安土城にはほとんど矢穴が認められません。北原さんは百々口よりの登城道に構えられた屋敷の石塁に矢穴痕の認められる石材を一点確認されています。他にまったく認められないことよりこの石材は安土城では極めて特異な石材と言わざるを得ません。おそらく、安土築城のために切り出された石材ではなく、観音寺城からの転用材ではなかったかと考えられます。こうしたことから安土築城に動員された石工は矢穴技法を用いなかった集団であったと見るべきでしょう。

おわりに

観音寺城の中世城郭としての特異な構造は、観音正寺を抜きには理解できないものであることは明らかです。さらに一時期には繖山に観音正寺と観音寺城とが共存していた時期さえあったわけです。『桑実寺縁起絵巻』に描かれた堂塔と、西側尾根筋に構えられた本丸、平井丸、池田丸の石垣や礎石建物が甍を並べていたわけです。さらに、観音正寺と観音寺城の共存というだけでは、現存する数多くの石垣を伴う平坦地は理解できません。そこには寺院と城郭だけではなく、さらに、寺院の坊院と、六角氏の家臣団屋敷群の存在したことを示しています。これほどの数の屋敷地を山上に構えるということは、守護だけではなく、その家臣団も山上で居住していたわけであり、観音寺城は天空の都市だったということができます。

なお、今回は観音寺城の山上部分について検討しましたが、繖山の南山麓には伝御屋形を中心に数多くの平坦地が構えられています。こうした山下の構造についての分析は今後の課題です。

第七章　北近江の守護京極氏の居城・上平寺城

はじめに

承久の乱に鎌倉幕府方について戦った佐々木信綱は、上皇方に与した兄広綱を討ち、近江守護職となるとともに、近江守にも任じられます。さらに、鎌倉幕府の評定衆の一員にもなります。この信綱の長男重綱は、坂田郡大原庄の地頭となり、大原氏を称します。次男高信は、高島郡田中郷の地頭となり、高島氏を称します。三男泰綱が、佐々木氏の惣領家を継ぎ、近江守護職に任じられます。京都の六角東洞院に屋敷を構えていたことより、六角氏を称します。四男氏信は、愛知川以北六郡の地頭職を与えられます。京都の京極高辻に屋敷を構えていたことより、京極氏を称します。

京極氏信は、坂田郡の柏原に館を構えますが、五代高氏（道誉）は六角氏に対抗するため湖東へ進出し、勝楽寺に館を構えます。その後、柏原館は氏信の菩提寺として清瀧寺となり、勝楽寺館は道誉の菩提寺として勝楽寺となります。

道誉から五代後の持清は、京極氏として道誉以来の近江守護職に任じられます。ところが、持清が没すると、次男政経と四男高清が家督争いを始め、京極氏は内訌の時代を迎え、弱体化します。ようやく、永正二年（一五〇五）に高清と材宗（経秀：政経の子）は和議を結びます。これを「日光寺の講和」と呼んでいます。

上平寺築城

「日光寺の講和」について、『江北記』という記録のなかに、「是より二十五年間無事也」と記されており、高清によって築かれたのが上平寺城です。

しかし、その歴史は長くはなく、高清の専横に対して、大永三年（一五二三）には浅見氏、上坂氏、浅井氏らを中心とした湖北の国人たちが一揆を起こします。その結果、高清は上平寺城を脱して尾張へ逃亡し、上平寺城は二十五年どころか、わずか十八年で廃城となります。

ところで、上平寺城の名はこの城が存在していた時代には見えません。『江北記』には、「大永三年（一五二三）三月九日　かりやす尾の御城より御忍にて尾州へ御取退候。大原五郎（高広）殿も御同道候。六朗殿（高慶）はかりやす尾に残し被申候。」と記されており、かりやす尾城と呼ばれていたようです。さらに、『信長公記』元亀元年（一五七〇）六月条には、「たけくらべ、かりやす両所に要害を構へ、」と記されており、やはりかりやす城と呼ばれていたことが知られます。また、江戸時代に作成されたものですが「上平寺城絵図」（米原市所蔵）にはこの城を霧箇城と記しています。これは京極氏の祖氏信の鎌倉の屋敷が桐ケ谷にあったことに由来すると伝えています。また、この絵図では城の南尾根を刈安尾と記しています。しかし、上平寺の語句は記されていません。江戸時代の明和七年（一七七〇）に編纂された『諸国廃城考』にも刈安城と記されています。

上平寺城という城名については、わずかに『寛政重修諸家譜』の「京極家譜」に「（元亀元年：一五七〇）一一（二）月右府（織田信長）、浅井・朝倉と和睦ののち（京極）高吉も上平寺城にかへる、」と記されているだけです。しかし、この段階ではすでに上平寺城は廃城となっており、城が存続していたときの城名とは言い難いようです。

上平寺城の上平寺とは寺院のことで、江戸時代の地誌『近江與地志略』には、「上平寺は伊吹八箇寺の内也、真言宗也。門前の在家十軒許、西北の尾上に京極の居城跡あり、上平殿といふ。天守の土台石垣今に歴然たり。」と記されており、上平寺と称する寺院の存在したことがわかります。この上平寺の位置が城の場所とも言われていますが、門前に民家があり、西北の尾根上に城があると記していることより、上平寺と呼ばれる寺院は山麓に位置していたようです。寺院の西北に城が位置するという関係より、寺院は現在の上平寺集落や上平寺館付近に位置していたものと考えられます。

　さて、上平寺城という山城に対して、その南山麓には平時の居館となる上平寺館が構えられていました。ここではこの上平寺館と上平寺城についてその構造を見ていくこととしましょう。

上平寺館

　上平寺の館は、平時における京極氏の居館であり、それは北近江における守護所でした。館は藤古川扇状地の扇頂部に構えられており、小字名は神ノ屋敷、一ノダハです。神ノ屋敷は、上ノ屋敷の意味だと考えられます。その規模は南北約二五〇m、東西約二〇〇mを測り、三四ヶ所におよぶ屋敷跡と見られる平坦地が認められます。「上平寺城絵図」では最上段に寺院の御堂と、鳥居と社が描かれていますが、これは伊吹大権現で、神仏習合の構造が描かれています。位置的には現在の伊吹神社よりも一段下に構えられていたようです。そして、現伊吹神社の西隣、つまり絵図では伊吹大権現よりも一段高い場所に、京極氏一族の墓所と伝えられる大型の組み合わせ式の五輪塔三基と、二基の一石五輪塔があります。組み合わせ式の五輪塔には、正面右側に「浄江院殿芳室／宗夢大禅尼」、左側に「永正五年（一五〇八）四月十日」の銘文が刻まれています。おそらく、京極氏に関わる女性の墓であったと考えられます。伝承ではここにあった京極高清の墓が清滝の徳源院に持ち運ばれたといわれています。なお、上平寺区有文書に、「一、御廟所拝礼御供養読経可致勤仕事」とあり、高清の墓が少なくとも元和二年（一六一六）にはここに存在していたことがわかります。このように居館の最上段には、京極氏の廟所が祀られていました。

　その廟所の一段下の平坦地が京極氏の居館であったようです。「上平寺城絵図」では「御屋形」と記されている場所です。明治十五年（一八八二）の『滋賀県小字取調書』の小分け地名では「京極屋敷」となっています。ここは、南北六八m、東西三七mの長方形区画を呈しており、南側半分は北側よりも約一m高くなっています。さらに、この平坦地の北側には南北六〇m、東西二〇mの庭園が続きます。「上平寺城絵図」には、「御自愛泉石」と記されており、守護京極高清が愛でた庭園であったようです。

　驚かされるのは、室町時代の守護所に造営された庭園が埋もれずに残されていたことです。現在日本各地で守護所の発掘がおこなわれています。そのなかで周防守護大内氏の館をはじめ、豊後守護大友氏の館や阿波守護細川氏の勝瑞城などが継続的に発掘調査されており、いずれも広大な庭園が検出されています。また、戦国城下町として有名な越前の戦国大名朝倉氏の居館からも庭園が発掘調査によって検出されています。ところが、上平寺館では約五〇〇年前に造園された庭園が地中に埋もれることなく、ほぼ当時の状態で地上に残されていたのです。まさに奇跡としか言い様がありません。

その構造は、御屋敷の手前と奥にふたつの苑池を配し、その間は島状の高まりとし、中央には「虎石」と呼ばれる巨石が据えられています。島が亀島、虎石が鶴石組を表しているのでしょう。さらに、斜面地にも景石と見られる石組が点在しており、滝副石や水分石といった役石と想定されます。

この庭園は、池泉観賞式の庭園で、背後の河戸谷の四季を借景として庭園を観賞したのでしょう。おそらく、庭園の南側削平地には庭園を観賞するための建物、いわゆる会所と呼ばれる建物が庭に面して建てられていたものと見られます。米原市教育委員会による発掘調査ではその会所ではないかと見られる建物の礎石が確認されています。

こうした武家庭園は、滋賀県内では高島市朽木の興聖寺に旧秀隣寺庭園が国指定名勝として残されています。その名称より寺院の庭園と思われがちですが、実は室町幕府第十二代将軍足利義晴が京都を追われ、朽木稙綱を頼って朽木に滞在した際、重臣細川高国によって作庭されたものです。しかし、それは単に京都を追われた将軍を慰めるものではなく、庭園が室町将軍の御所として必要な装置であったために造営されたと見るべきでしょう。朽木の仮御所にも京都の室町御所と同じ空間構成を構えることによって将軍の居所

上平寺館の庭園

として認められたわけです。同様に上平寺館においても、単なる遊興のための施設として庭園が造営されたのではなく、京都の将軍御所と同じ空間で、同じ武家儀礼をおこなうことで、守護として認められたのです。つまり、京極高清が守護として認められるための舞台装置として庭園が造営されたのでした。

　上平寺館の守護館の前面には、方形に区画された屋敷地が雛壇状に配置されています。「上平寺城絵図」ではこうした屋敷地に弾正屋敷、蔵屋敷、厩などと記されています。他の絵図では弾正屋敷を大津屋敷と記したり、隠岐屋敷と記している屋敷地があり、京極氏の重臣の屋敷地と想定されます。

上平寺館の屋敷地土塁

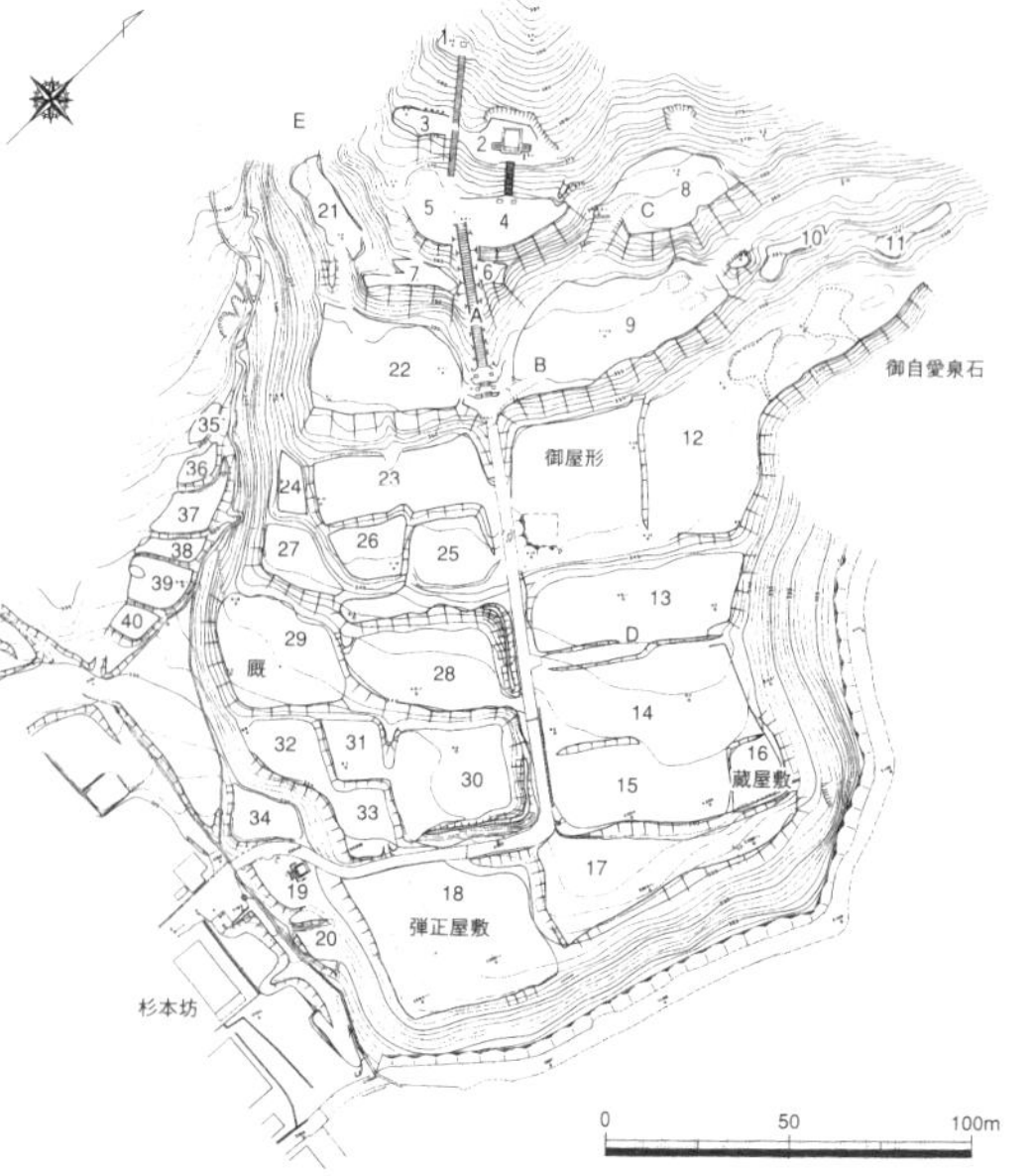

上平寺館測量図（米原市教育委員会2005『京極氏遺跡分布調査報告書』による）

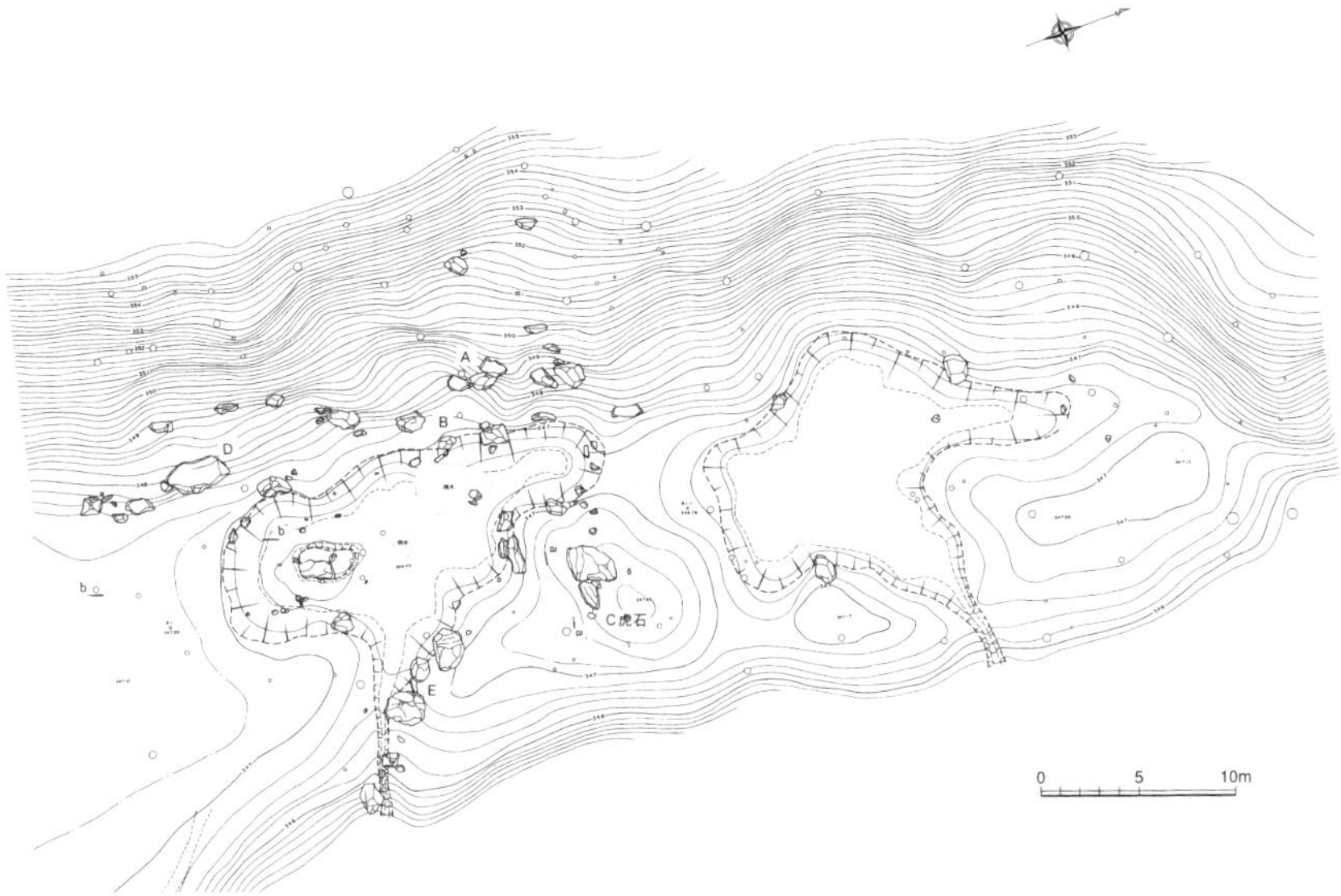

上平寺館庭園測量図（米原市教育委員会2005『京極氏遺跡分布調査報告書』による）

なお、伊吹山頂から南へ伸びる尾根が、上平寺集落の西側に舌状に張り出した先端部にも十九ヶ所におよぶ方形区画の屋敷地が認められます。「上平寺城絵図」には、駒繋、若宮、加州、多賀、浅見、黒田、西野、上臈衆と記されています。加州は京極高数を祖とし、坂田郡長岡（現・米原市長岡）を本拠とする京極氏の庶子家のことで、代々加賀守を称したことより、加州を名乗ります。多賀氏は守護代や京都所司代を務めた京極氏の重臣で、犬上郡下之郷に本拠を置く豊後守家（豊州家）と、浅井郡月ヶ瀬（現長浜市）に本拠を置く、出雲守家（雲州家）に分かれます。浅見氏は浅井郡尾上城（現長浜市）を拠点にしており、文明二年（一四七〇）の京極氏内訌以降、京極氏の有力被官となります。大永三年（一五二三）の国人一揆では国人の盟主となります。黒田氏は、京極満信の子宗満を祖とする庶子家です。

上臈衆とは位の高い人物を指すものと考えられ、高清に近習していた武士たちを指しているようです。西野氏は伊香郡の西野城を本拠とした京極氏の被官のことです。このように、上平寺館の最南端に構えられた屋敷地は京極氏の重臣たちの屋敷地と想定されます。

上平寺城

上平寺館の背後、標高六六九mの山頂部に構えられています。この場所は伊吹山から南に伸びる刈安尾と呼ばれる尾根の先端部にあたります。その尾根を切断するように巨大な堀切を設け、その南側尾根上を城域としています。山麓の上平寺館との位置関係より明らかに上平寺館の詰城であることはまちがいありません。ところが、現在山頂に残されている城郭遺構は非常に発達した構造を示しており、とても永正年間に築かれたものとは考えられません。

ここではまず、その発達した城郭構造を説明したうえで、その年代の矛盾について分析したいと思います。山頂部に土塁を巡らせた主郭を配し、その南側に二段のやはり土塁を巡らせた曲輪を構えています。

弥高寺より望んだ上平寺城

上平寺城二の丸虎口

上平寺城本丸

上平寺城二の丸堀切

上平寺城背後の堀切と土橋

「上平寺城絵図」では主郭を本丸と、二段の曲輪を二の丸と記しています。本丸と二の丸間には東に一本、西に二本の長大な竪堀を設けて、斜面防御としています。注目できるのは二の丸の虎口構造です。L字状に土塁を構え、その前面には巨大な堀切を設け、枡形状の虎口空間としています。

さて、二の丸前面の堀切より南方は絵図に三の丸と記されています。ここは土塁を設けず、小さく区画された曲輪となり、尾根両側面にも一段低く曲輪が配置されています。絵図では「此所小屋敷」と記されています。三の丸とこの小屋敷は本丸や二の丸とは明らかに様相が異なっています。防御的な構造ではなく、兵の駐屯地的な曲輪ではなかったかと考えられます。

三の丸の先端部には、尾根に対して放射状に畝状竪堀群が設けられ、尾根筋の斜面防御を強固なものとしています。この畝状竪堀群や枡形状虎口といった防御施設はとても永正年間の城郭構造ではなさそうです。

では、いったい現存する上平寺城はいつ、誰によって築かれたものなのでしょうか。『信長公記』元亀元年（一五七〇）六月条に「去程に、浅井備前越前衆を呼越し、たけくらべ、かりやす両所に要害を構え候。信長公御調略を以て堀・樋口、御忠節仕るべき旨御請なり。」とあります。これは元亀元年に湖北の戦国大名浅井長政が織田信長を見限って、叛旗を翻し、越前の朝倉義景と与み、敦賀で信長を挟撃しましたが、辛うじて信長は岐阜に戻ることができました。そこで軍勢を立て直した信長は近江へ侵攻を開始することとなりました。一方、敦賀で信長を討ち果たすことができなかった長政は、信長の侵攻に備えます。その備えについて記したものがこの『信長公記』の一節です。長政は越前衆の援助を得て、「たけくらべ」と「かりやす」というところに要害を構えて信長の近江侵攻を食い止めようとしたわけです。

「たけくらべ」は長比のことで、現在の米原市長久寺にあたります。その山頂には土塁を巡らせた二つの曲輪からなる城が認められ、虎口は枡形となっています。長比城からは山麓を通る東山道（中山道）を眼下に見下ろすことができます。一方の「かりやす」とは言うまでもなく、上平寺のことです。つまり現在上平寺城に残る城郭構造は元亀元年に浅井長政が織田信長の近江侵攻を阻止するために築いた陣城の遺構のようです。発達した城郭

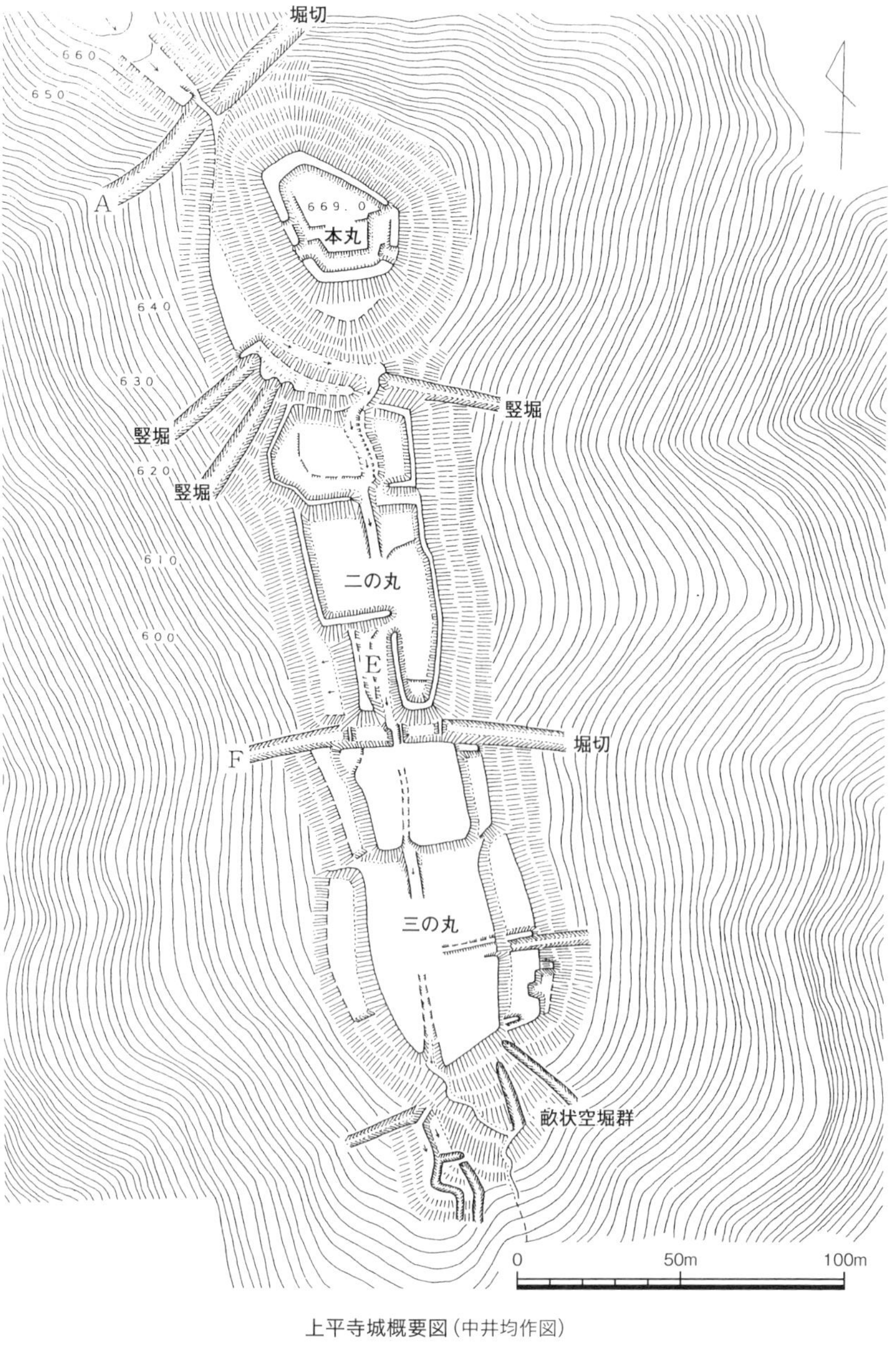

上平寺城概要図（中井均作図）

構造もこれで理解できます。

それでは、京極高清段階の上平寺城はどこにあったのでしょうか。おそらく、現在の城の下層に埋没しているのではないでしょうか。残念ながら地表面に高清時代の上平寺城の痕跡は認められません。

ちなみに、長政が越前衆を呼び越して築いた、「たけくらべ」、「かりやす」の要害はその後どうなったのでしょうか。『信長公記』に「信長公御調略を以て堀・樋口、御忠節仕るべき旨御請なり。」とあるように、長政方に属していた坂田郡の土豪、堀秀村とその一族で家宰的立場にあった樋口直房が、羽柴秀吉の軍師竹中半兵衛の調略によって信長方に内応します。その結果、「六月十九日、信長公御馬を出だされ、堀・樋口謀叛の由承り、たけくらべ、かりやす取物も取敢へず退散なり。たけくらべに一両日御逗留なされ、」とあるように、要害に駐屯していた城兵たちは城を捨てて逃げ出したと記されています。

こうして、鉄壁の構えとして築かれた国境警備の城でしたが、守備を任されていた堀氏が信長方に内応すると城は無人となり、信長軍は一人の死傷者を出すことなく、近江に侵攻することができたのでした。まさに、鉄壁の城を鉄壁にするのは単に城郭構造の出来だけではなく、そこを守っていた人であったことを物語っています。

弥高寺

上平寺城と、谷を隔てた西側の尾根上には弥高寺が位置しています。弥高寺は単なる山岳寺院ではなく、上平寺城と密接に関わる施設であり、ここで紹介しておきます。

伊吹山は永正十年（一五一三）の勧進帳によると、天武二年（六七三）に役行者が開基し、天平神護年間（七六五～七六七）に泰澄が再興したとあります。これらをすべて信じることはできませんが、伊吹山が山岳信仰の山であったことはまちがいありません。『三代実録』によると伊吹山寺は元慶二年（八七八）二月に定額寺に列せられます。徳治三年（一三〇八）には伊福貴山の弥高寺と太平寺の間で、本末寺の相論が起こっており、少なくとも鎌倉時代末には弥高寺が建立されていたことがうかがえます。

この弥高寺が、京極氏によって陣所としても利用され

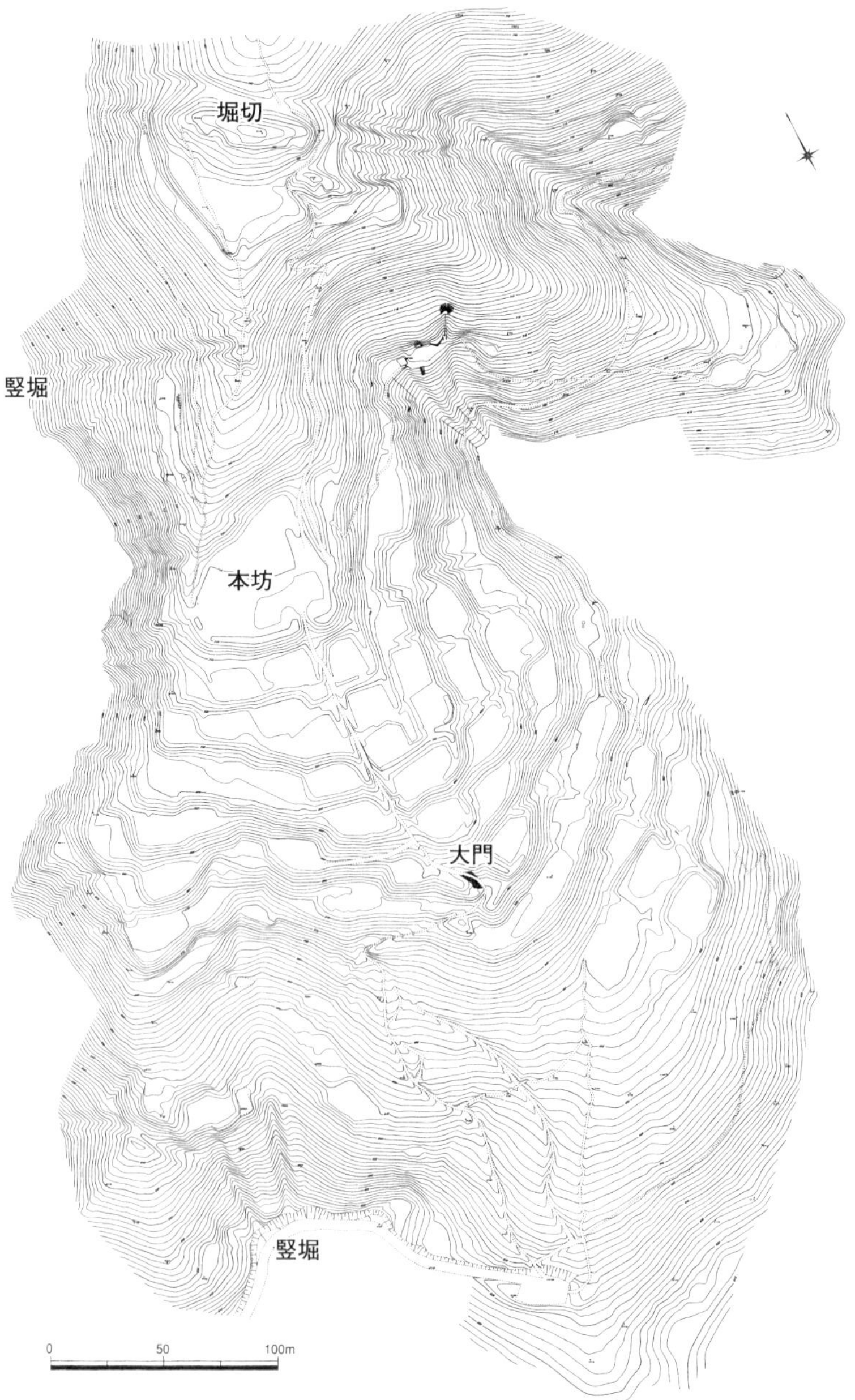

弥高寺測量図（米原市教育委員会2005『京極氏遺跡分布調査報告書』による）

ています。『船田後記』、『今井軍記』によると、明応四年（一四九五）に京極政高が、翌五年には京極高清が、弥高寺に布陣したことが記されており、陣所として利用されていたことがうかがえます。その構造は、伊吹山から南に伸びる標高約七一四m付近に本坊を配し、その南方に魚の鱗のように約一〇〇ヶ所におよぶ坊院が配置され、山岳寺院そのものを示しています。

上平寺城より望んだ弥高寺

ところが、大門と呼ばれる門跡は直角に屈曲し、その前面には巨大な横堀が巡らされています。こうした構造は寺院の山門というよりも、むしろ城郭の虎口に類似するものです。

また、本坊の背後には伊吹山に続く尾根筋となっていることより、巨大な堀切が設けられています。寺院に堀切は必要なく、この堀切も城郭に伴うものと考えられます。さらに詳細な測量調査を実施したところ、この尾根を切断する堀切の東側斜面に畝状竪堀群が、また、西斜面には竪堀が、そして大門よりも外側の南側尾根先端部には二本の竪堀と、尾根を切断する堀切がそれぞれ確認されました。こうした防御施設は明応四年頃のものとはとても考えられません。

弥高寺は、史跡整備のために発掘調査が実施されています。このうち本坊の南直下の坊院跡の発掘調査で、二時期にわたる遺構が検出されました。その上面を構成する整地層では十五世紀の陶磁器や土師器皿が大量に包蔵されていました。その正確な構築年代は不明ですが、少なくとも十五世紀以降の造成であることはまちがいありません。十五世紀以降で、枡形虎口、横堀、畝状竪堀群を構える画期は、やはり元亀元年の対織田信長戦のために構えられた、「たけくらべ」、「かりやす」の要害以外考えられそうにありません。

従来、この「たけくらべ」、「かりやす」の要害のうち、「かりやす」の要害とは上平寺城のことと理解されてきましたが、その改修は谷を隔てた弥高寺にもおよんでいたようです。元亀元年の普請であれば、非常に発達した枡形虎口や横堀も理解することができます。おそらく、坊院跡のテラスは兵の駐屯場所として利用されたのではないでしょうか。

「上平寺城絵図」

現在、米原市が所蔵する「上平寺城絵図」は江戸時代初期に描かれたもので、絵図は伊吹山を北にして尾根上に上平寺城と山麓の上平寺館を中心に描いています。さらに、その南側に、城下町、西尾根に駒繋、若宮、加州、多賀氏などの家臣屋敷、東は河戸川をはさんで長福寺跡が描かれています。さらに、南端には越前街道（北国脇往還）が描かれています。

山城や館部分の描写は、現存する遺構とほぼ一致しており、作者は実際に現地の遺構を踏査し、そこに地元の伝承を加えて製作したものと考えられます。

山城は、本丸、二の丸、三の丸と、それぞれを区切る堀切を描いています。山麓の館部分には最高所に伊吹大権現、本堂と京極高清の墓所と考えられる御廟所を描き、その一段下に守護館である御屋形、さらに、守護館の庭園を御自愛泉石と記しています。そして、守護館の前面には方形区画の屋敷を描き、隠岐屋敷、弾正屋敷と記しています。

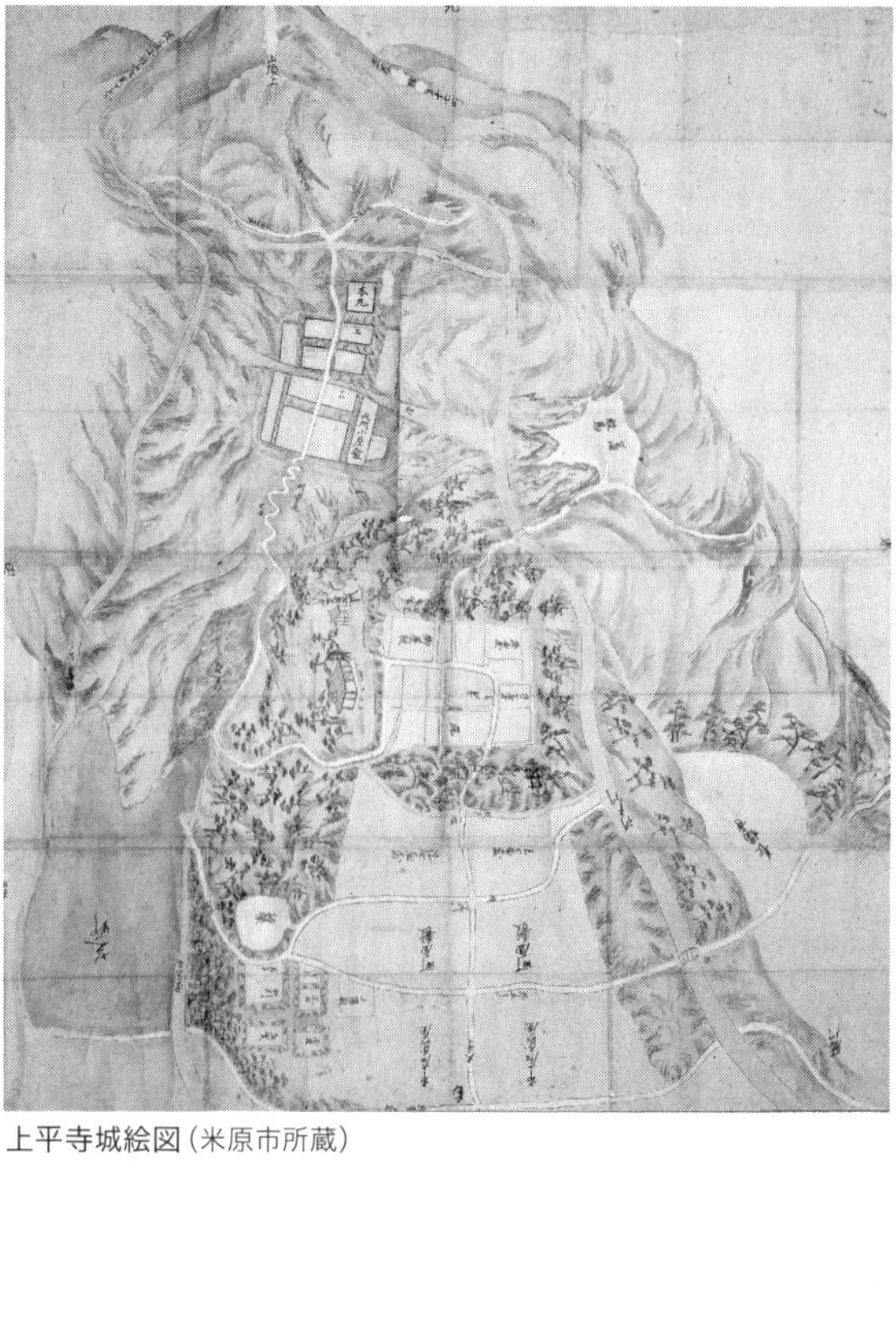

上平寺城絵図（米原市所蔵）

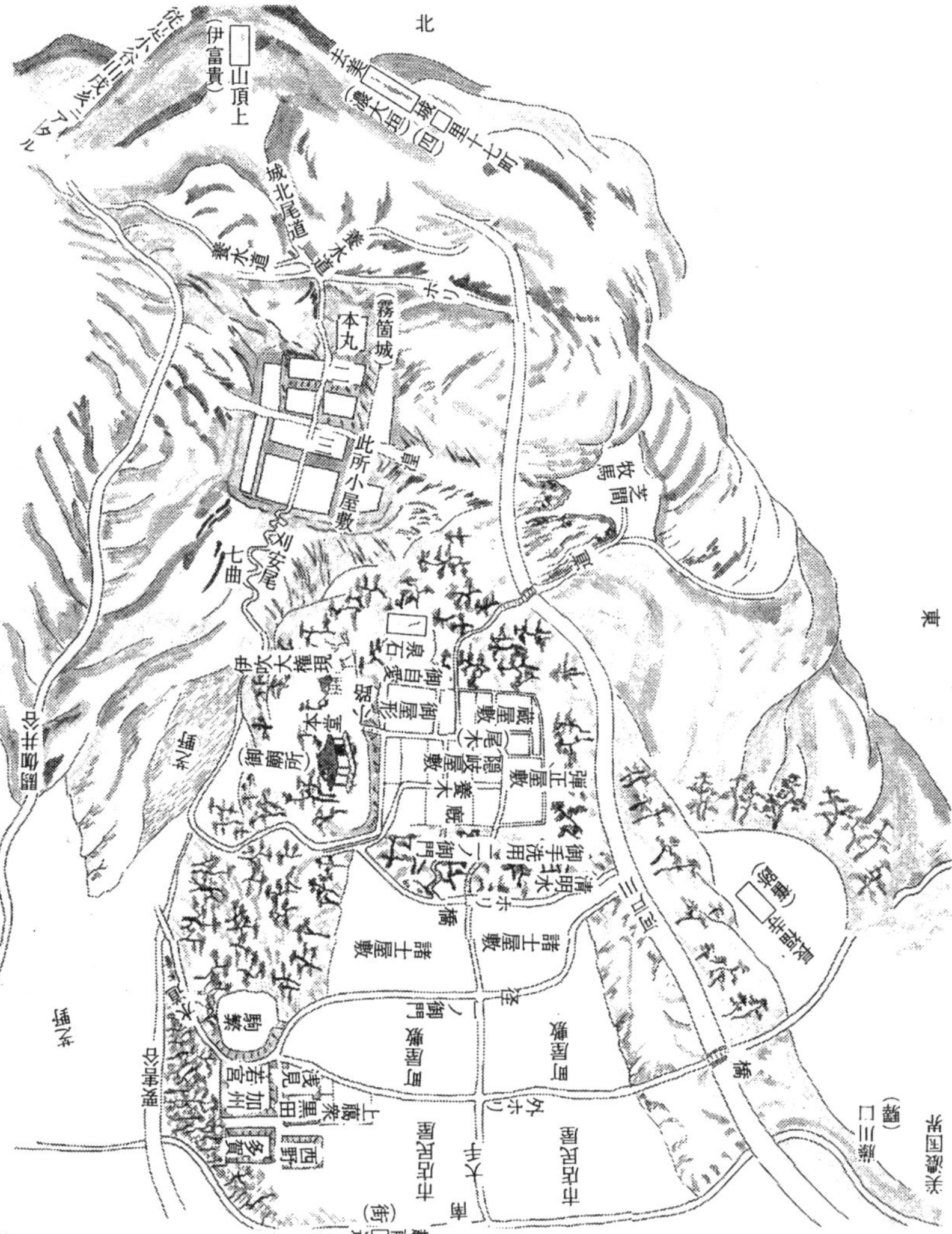

上平寺城絵図トレース図（中井均作図）

注目されるのは、こうした屋敷地の外郭に城下町を描いていることです。城下町は武家地として諸士屋敷、町人地として町屋敷、市店民家を記し、武家地、町屋、市店が明確に分離していたことが読み取れます。

江戸時代に描かれたものではありますが、戦国時代の城と城下町を見事に描いた絵図として注目されます。

おわりに

上平寺城は、湖北の守護京極氏の居城として築かれましたが、単なる防御施設として築かれたのではなく、山麓に構えられた上平寺館の庭園に見られるように守護の権威として築かれたものでした。

さらに、現在残されている上平寺城は京極氏時代のものではなく、その七十年後に浅井・朝倉軍が織田信長軍を迎え撃つために改修したものです。このように上平寺城は京極氏のみならず、湖北の戦国時代も物語ってくれる城です。

上平寺城、弥高寺、京極氏館、家臣屋敷は一括で「京極氏遺跡」と総称され、平成十六年に国史跡に指定されました。

第八章　戦国大名浅井氏の居城・小谷城

はじめに

小谷城が、築かれた小谷山は大変美しい山容を見せています。

小谷城は、戦国大名浅井氏三代の居城として有名です。その初代亮政によって築かれたのですが、では、それまで浅井氏はどこを居城としていたのでしょうか。浅井氏は東浅井郡丁野の在地領主で、湖北の守護京極氏の根本被官でもありました。浅井氏の居城は丁野村の中に築かれた館で、現在も浅井屋敷と呼ばれています。

その浅井氏が、突然標高四九五mという高山に城を構えます。築城された年は詳らかではありませんが、『浅井三代記』によると、永正十三年（一五一六）に築城されたと記しています。『長享年後畿内兵乱記』には、「大永五年。定頼公浅（井）城大津見（具）江発向」とあり、大永五年（一五二五）に六角定頼によって攻められており、少なくともこれ以前には築かれていたようです。これの史料からは亮政によって築かれた小谷城は小谷山の最高峰に築かれている大嶽の部分であったこともわかります。

つまり、亮政は京極氏に替わって湖北のリーダーとなると同時に小谷城を築いたわけです。京極氏の被官であった段階では丁野の村に屋敷を構えていただけであったのですが、湖北のリーダーとなると、その領国を眺望できる場所に居城を築くことが重要だったのです。これは、逆に湖北の領民からは常に見上げられる場所でもあったわけです。私は以前、米原市に勤務していたのですが、米原から丁野の村を見ることはできなかったのですが、小谷山を望むことはできます。つまり、湖北ではどこからでも小谷山を望むことができるのです。まさに小谷築城は浅井氏の戦国大名としての独立宣言だったと言えます。

こうした、領国内から見上げられるということが重要であったため、戦国大名の居城は高い山に築かれたわけです。どうも戦国時代の山城の選地は単に軍事的な目的以外に、こうした見せるという意味があったようです。支配領域が広ければ広いほど、高い山に築かれたのではないでしょうか。

さらに、小谷山には古くより大嶽寺と呼ばれる山岳寺院が建立されていました。そうした信仰の山に城を構えることも重要だったと考えられます。信仰の山に城を築くことによって領民にその力を見せつけたものと考えられます。湖南では六角氏の居城観音寺城が観音正寺に構えられており、湖北では京極氏が上平寺に城を構えているもの同じように信仰の山に城を築くことによって領民にその力を誇示したものと考えられます。

今ひとつ、重要なことは山容だと思われます。南方より望んだ小谷山は三角形の、実に美しい山容を見せています。付近には小谷山と同様の標高の山々が連なっています。しかし、城が築かれたのは小谷山です。それは単純に軍事的な要衝ということではなく、美しい象徴的な山でなければならなかったのではないでしょうか。実は戦国大名の居城を訪ねてみると、全国的にもその地域ではどこからでも望むことのできる、大変美しい山容であることがわかります。城郭とは軍事的な防御施設であるという本質とともに、心象風景として城郭の構えられた山だったことも重要です。小谷城はこうした心象を教えてくれる山容だといえます。

小谷城の歴史

浅井亮政が、湖北のリーダーとして小谷城を築くと、大永五年（一五二五）に湖南の六角定頼が湖北への侵攻を開始します。『宗滴話記』には、「江州北の郡大谷（小谷）、七月十六日城責有之。」とあります。この『宗滴話記』とは、越前の戦国大名朝倉氏の一族、朝倉教景（金吾宗滴）の記したもので、教景は従来、大永五年の六角定頼の小谷攻めに対して援軍として越前より派遣されたといわれています。その駐屯地となったところが、番所の南側に位置する曲輪で、現在金吾丸と呼ばれていま す。しかし、近年では教景の小谷出陣は、浅井氏への援軍ではなく、六角氏と共同して小谷城を挟撃するものだったといわれています。金吾丸は援軍としての陣所ではなく、大嶽を攻めるための陣所として築かれたようです。

さて、亮政時代で注目されるのは天文三年（一五三四）に京極父子を小谷城に招き、饗応したことです。新たな領主としての浅井氏が、旧主家である京極氏を新城に招いたということは、まさに新旧交代を世に知らす重要なイベントであったと考えられます。ここに記されている京極父子とは、京極高清、高延（高広）のことと考えられています。この宴は一晩中続いており、三膳まで供されたことが、『浅井備前守宿所饗応記』に記されています。この饗応された「浅井備前宿所」とは、山麓の居館を指すもので、これは小谷山の南山麓清水谷の最奥部に位置する浅井屋敷（御屋敷）であったと考えられます。

長政時代では、永禄十一年（一五六八）に越前一乗谷にいた足利義昭が美濃へ移る途中で、やはり、小谷城中で饗応が催されています。『多聞院日記』では、「江州浅井館」と記されていますが、これは天文三年の京極父子饗応に用いられた「浅井備前宿所」と同一の場所で、清水谷の浅井屋敷であろうと考えられます。

元亀元年（一五七〇）、長政は織田信長の妹市を娶っていたにもかかわらず、突如信長を見限ります。以後三年間にわたり信長の小谷城攻めがおこなわれます。天正元年（一五七三）八月二七日、羽柴秀吉を先陣とした部隊が「京極つぶら」に攻め上がり、小丸にいた久政と、本丸の長政を分断し、小谷城は落城しました。ただ、小谷城の歴史はこれだけで終わりません。『信長公記』には、「江北浅井跡一職進退に羽柴筑前守秀吉御朱印を以て下され、悉く面目の至なり」と記されているように、小谷攻めで戦功のあった羽柴秀吉が湖北三郡を賜り、小谷城を居城としています。秀吉は入城まもなく新城の築城を開始しますが、『信長公記』天正三年（一五七五）八月十三日条に、「大谷（小谷）羽柴筑前守所に御泊」と記されているように、秀吉の小谷居城は少なくとも二年におよんでいます。翌四年頃には新城として長浜城が完成して移動しており、この段階で小谷城は廃城となります。

小谷城の構造

三元構造となる山城

さて、戦国時代の山城の構造は、基本的には山頂部に構えられた防御空間としての山城（詰）と、山麓に構えられた居住空間としての居館（根小屋）という二元構造から構成されています。例えば戦国城下町として有名な、越前一乗谷朝倉氏遺跡の場合でも、山麓の義景館と、山頂の一乗谷城から構成されています。小谷城もこうした二元構造の山城と考えられていますが、実は小谷山の山頂部に築かれた大嶽と、中腹の尾根筋に築かれた本丸・大広間地区と、山麓の谷筋に築かれた清水谷地区という三元構造であることがわかります。これを機能的に解釈すれば、詰としての大嶽、詰と居館を両有する本丸・大広間地区、居館としての清水谷地区に分類することができます。

大　嶽

大嶽は、標高四九五mの小谷山の山頂に構えられています。山麓の清水谷からの比高は三九〇mを測ります。その構造は、ぶ厚い土塁を巡らす曲輪を数段構えるものとなっていますが、土塁は高くはなく、土塁線の屈曲にも鋭さが感じられません。その土木作業は本丸・大広間地区などの構造とは明らかに異なっています。こうした普請から大嶽が亮政時代の古い構造だと捉えられていました。しかし、『信長公記』元亀三年（一五七二）七月条に、「朝倉右大夫義景、人数一万五千ばかりにて、七月廿九日、浅井居城大谷（小谷）へ参着候。然りといへども、此表の為躰（ていたらく）見及び、抱へ難く存知、高山大づくへ取上り居陣なり」と記されており、信長戦の最中に援軍として入城した朝倉義景が大嶽を本

大嶽

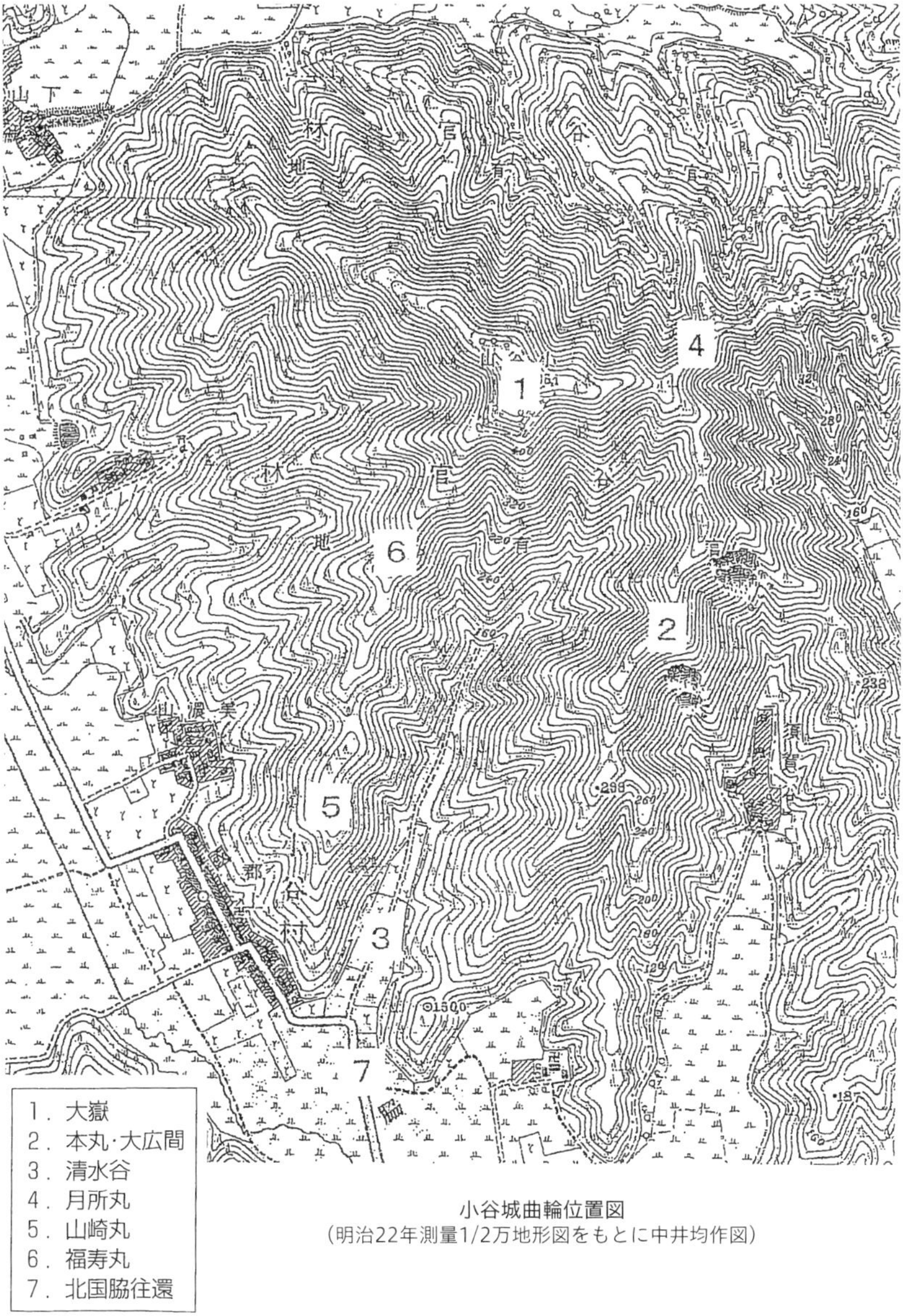

小谷城曲輪位置図
(明治22年測量1/2万地形図をもとに中井均作図)

陣としているので、その段階で補修されたものと考えられます。小谷攻めでは天正元年（一五七三）の八月十二日という早い段階ですでに信長軍によって攻め落とされ、小谷落城の決定的な要因となりました。

本丸・大広間地区

本丸・大広間地区は、南側より番所、御茶屋、御馬屋、桜馬場、大広間、本丸、中丸、京極丸、小丸、山王丸、六坊から構成されています。このうち大広間と呼ばれる曲輪は小谷城中では最大の曲輪で、発掘調査の結果、ほぼ曲輪全域から柱間六尺三寸の礎石建物が検出されました。大広間の伝承通り、この曲輪には広大な御殿が建てられていたことが明らかとなりました。また、発掘調査では三七、〇〇〇点余におよぶ遺物が出土しており、実にその九六％が土師器皿、いわゆる「かわらけ」であり、この大広間では盛んに饗宴のおこなわれていたことが明らかとなりました。さらには越前の笏谷石製の行火（あんか）（バンドコ）も出土しており、この山上の大広間が住む空間であったことも明らかとなりました。

戦国時代の山城は、山麓の居館に居住し、山頂の山城は戦いの際に立て籠もる場という二元構造で、山城では住まないということが常識でした。しかし、戦国時代後半になると、戦国大名クラスの居城では山城部分にも居住空間が設けられるようになります。たとえば、永禄十一年（一五六八）に織田信長の居城、岐阜城を訪れた宣教師ルイス・フロイスは、何人も登ることの許されなかった山頂へ案内されると、そこには信長の奥方と子息のみが彼に仕えていたと報告しています。こうした内容から山城部分の居住空間は私邸として機能していたも

大嶽より本丸・大広間地区を望む

御馬屋に巡る土塁

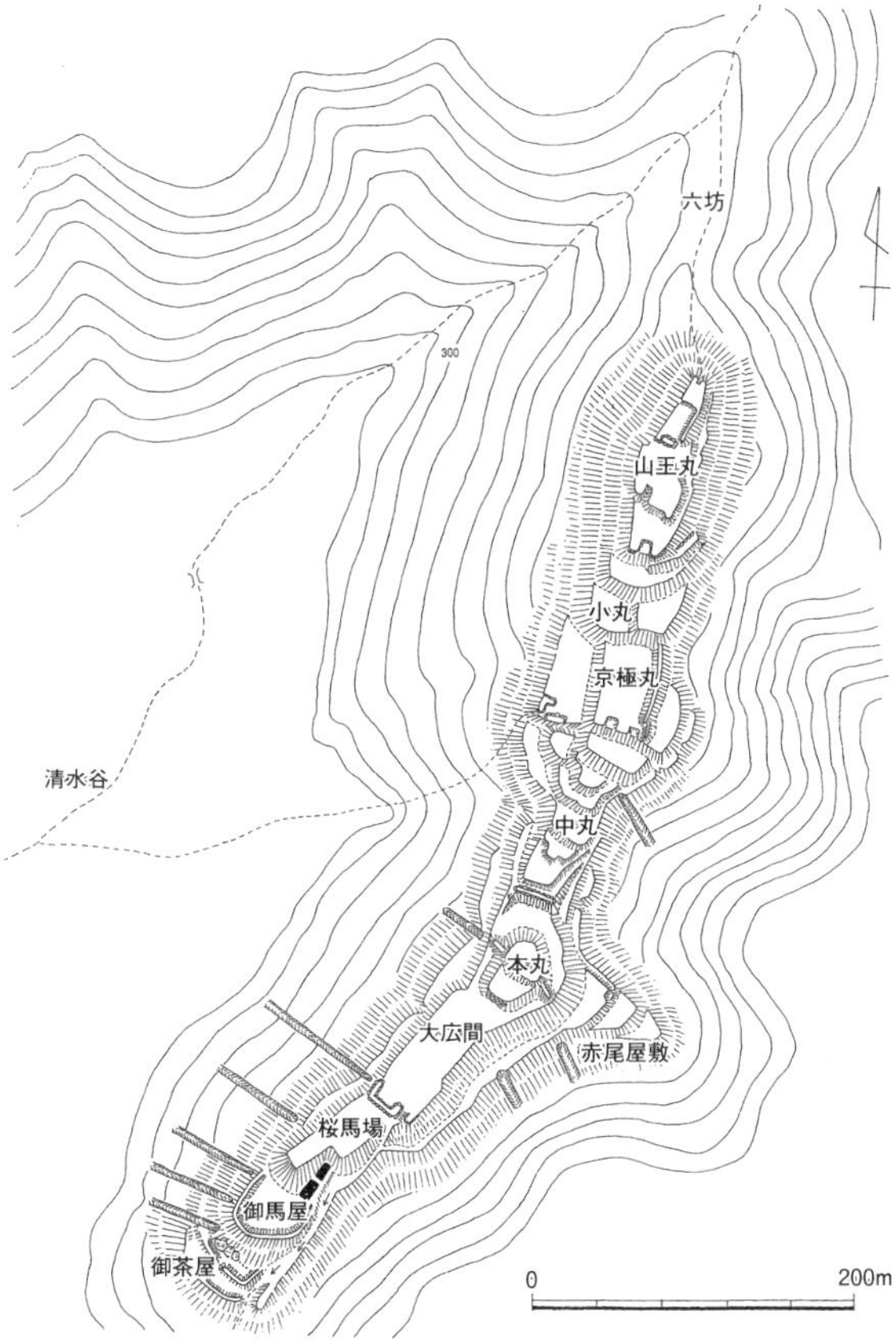

本丸・大広間地区概要図（中井均作図）

のと考えられます。山麓の居館は公邸として機能していたのでしょう。そうであれば、小谷城の大広間にはお市や、三姉妹が居住していたものと考えられます。

本丸は、大広間の背後に櫓台のように構えられており、本丸と呼ぶにはやや小規模なものです。数種伝えられている小谷城の古図には本丸を「鐘の丸」と記しているものがあり、あるいはここには危急を知らせるための鐘撞堂が置かれていた可能性も充分に考えられます。この本丸と中丸の間は巨大な鞍部となっていますが、これは自然のものではなく、人工的に尾根を断ち切った堀切です。小谷城ではほとんど堀切が設けられていませんが、この本丸背後の堀切は巨大なものとなっています。さらに、本丸壇の中央で東西両側に竪土塁が構えられており、堀切と連動して完全に背後からの攻撃を遮断しています。

　京極丸は、京極高吉の居住施設として構えられたと伝えられている曲輪です。その東面にはぶ厚く高い土塁が構えられています。この京極丸で注目されるのは、西側に一段低く設けられている腰曲輪に構えられた虎口です。石塁によって枡形が構えられています。ここが秀吉の突入した、「京極つぶら」の虎口ではないかと見られます。この虎口を下ると、清水谷の水の手に至ります。

黒鉄門

　ところで、この本丸・大広間地区の最高所は本丸ではなく、山王丸です。おそらく石垣石材の大きさや最高所に位置することより山王丸こそが本来の小谷城の本丸であったと考えられます。山王丸は日吉山王権現を祀ることに由来する名称です。『淡海木間攫』には、「山王権現　社ニ尺　当城内ニアリ　浅井三代ノ生土神ナリ　落城後小谷寺へ引移ス」とあります。小谷城古図では、「後天守台」と記しており、本丸は「天守」と記しています。これは、後に秀吉が天守を構えたという意味ではないかと考えられます。

大広間

石垣

　ところで、小谷城では黒鉄門、山王丸の虎口付近に巨大な石材が散乱していますが、これらは廃城段階で城割りされた石垣の崩落部分とみられます。一部には数段組まれた部分も残されていますが、山王丸の東斜面には高石垣がほぼ完存しており、浅井氏時代の小谷城の中心部にはこのような石垣が巡らされていたことを彷彿させてくれます。虎口部分では基底部が数段残されていますが、そうした残存部の石材よりも崩落している石材の方に大きいものが認められます。これは石積みの上方に巨石が積まれていたことを示しています。おそらく、虎口部分に関しては基底部よりも上段の方に巨石を積む形状の石垣であったと見られます。

山王丸正面の石垣

山王丸東面の大石垣

清水谷

小谷山の南部に開口した、奥行約一㎞、開口部幅約一八〇ｍの細長い谷筋は清水谷と呼ばれています。小谷城の古図には御屋鋪、山城屋敷、遠藤喜右衛門屋敷、知善院などの屋敷、寺社名が記されており、ここが山麓の居館のあった場所と考えられています。現在も谷奥には家臣の屋敷地と考えられる削平地や、寺社地としての削平地が階段状に残されています。さらに、発掘調査によって開口部からは谷を塞き止めるように土塁と堀の痕跡が検出されており、越前一乗谷のような構造であったことが判明しています。

福寿丸・山崎丸

小谷城は、三元構

清水谷大野木土佐守屋敷の石垣

造となることが大きな特徴ですが、加えて尾根筋のピークに福寿丸、山崎丸、金吾丸、出丸を、尾根続きには月所丸といった出城を構えていることも特徴のひとつです。こうした出城を構えることにより、巨大な小谷山全域の防御ができたものと考えられます。

　大嶽より南西に伸びる尾根上には、福寿丸と山崎丸が築かれています。その構造は、小谷城中でも非常に特異なもので、発達した土塁線を駆使して築かれています。福寿丸は周囲を土塁で完全に囲繞し、二ヶ所に設けられた虎口はいずれも喰違虎口となりますが、その形態は織豊系城郭の枡形とは別系譜のもとで発達した虎口となっています。

　山崎丸も同様に、曲輪周囲を土塁で囲繞していますが、その土塁線は随所で屈曲がつけられ、横矢がかかるようになっています。虎口は二ヶ所に設けられており、特に西側に開口する虎口は枡形となり、城内でさらに矩形の土塁が構えられる二重構造の枡形となります。

　このように、福寿丸、山崎丸の構造は小谷城中でも最も発達した構造となっています。その特徴は囲繞するぶ厚く、高い土塁と、虎口構造にあり、これは越前朝倉氏によって改修されたものと推察されます。なお、山崎丸については元亀元年（一五七〇）に織田信長が横山城に居陣したときに、これを牽制するために長政の要請で越前より来援に来た山崎吉家によって築かれたとの伝承があります。また、一説には元亀三年に朝倉氏によって構えられたとも言われています。いずれにせよ、福寿丸、山崎丸の非常に発達した城郭構造は元亀元年（一五七〇）以降に築かれたことを示しています。

山崎丸

月所丸

六坊と大嶽の間は巨大な鞍部となっており、そのまま

西に向かって下ると清水谷に至ります。東に向かうと、小谷山で唯一の尾根続きとなっており、越前に至ります。この尾根筋上に月所丸と呼ばれる出城が構えられています。これまでの小谷城ではほとんど触れられなかった出城ですが、その構造や配置は小谷城を考える上で非常に重要な出城です。尾根筋が最も狭くなったところに、ぶ厚くて非常に高い土塁によって囲繞された曲輪を二ヶ所配置し、その先端には深くて、幅の広い堀切が構えられ、さらに、その前方にも同様の深くて、幅の広い堀切を設けて、尾根を完全に遮断しています。さらに、この月所丸では北側斜面部に畝状竪堀群が構えられています。これによって北側斜面からの敵の侵入を阻止して

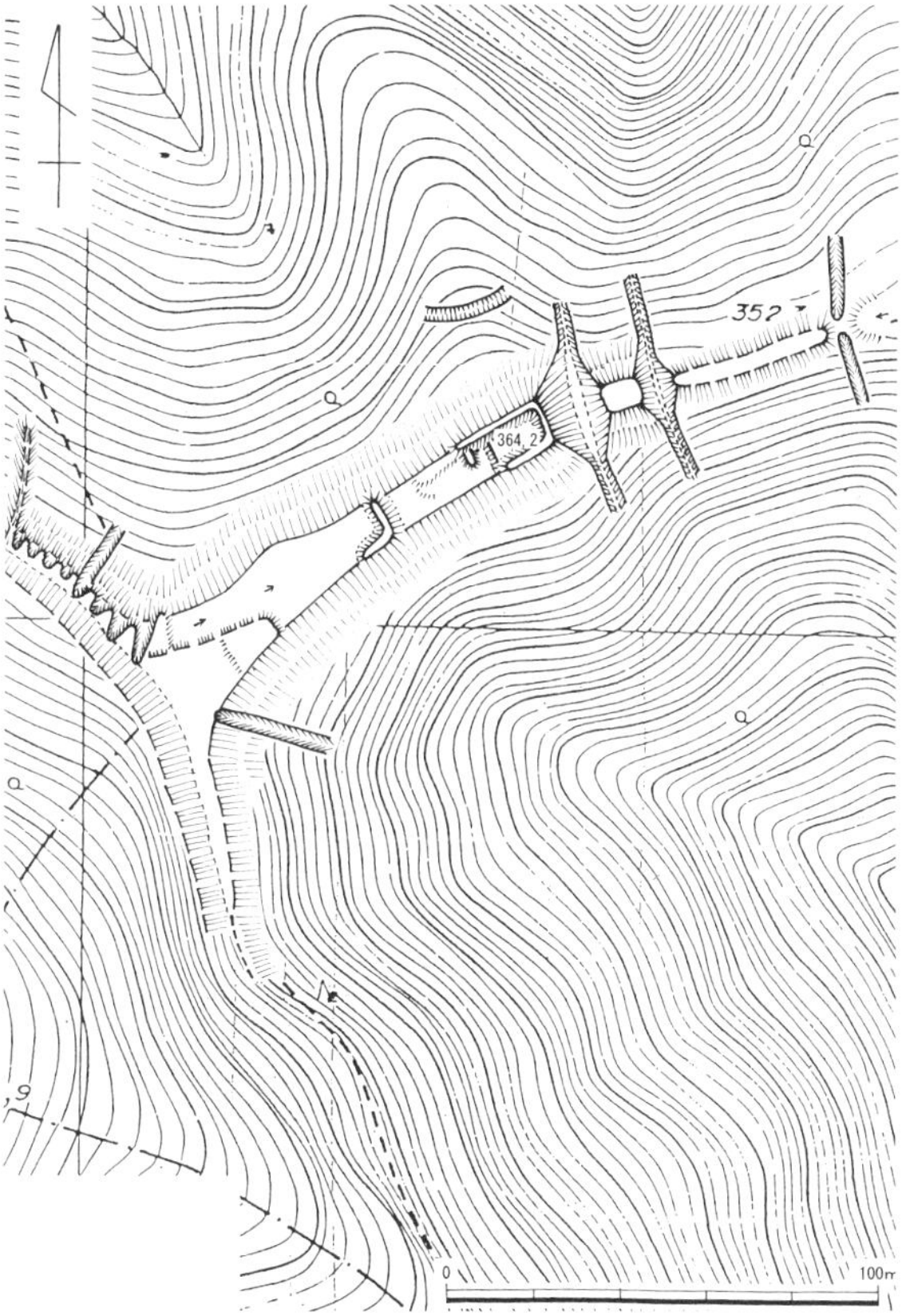

月所丸概要図（中井均作図）

月所丸の土塁

います。

ところで、畝状竪堀群は近江ではほとんど導入されていません。わずかに鎌刃城（米原市）、上平寺城（米原市）、清水山城（高島市）に認められるのみです。むしろ越前に多く構えられている防御施設であり、ぶ厚く、高い土塁も含めて浅井氏の技術ではなく、朝倉氏によって築かれたものと考えられます。月所丸の構築時期ですが、小谷城の背後は親交のあった越前との国境であり、境目の城は築かれていません。こうした状況より織田信長との抗争によって、唯一の尾根筋を防御する必要が生じたために築かれたものと考えられます。つまり、長政が信長を見限った後、元亀元年（一五七〇）以後の築城と考えられます。月所丸は規模はさほど大きくありませんが、信長との戦いを目前にした緊張感の伝わってくる遺構です。

おわりに

小谷城は、浅井亮政が湖北のリーダーとして築き、以後久政、長政と三代にわたる居城として増改築がおこなわれ、その規模は全国屈指の山城です。ただ、巨大というだけではなく、構造的にも注目される山城です。その最大の特徴は、山上に居住空間を有することでしょう。戦国時代の山城が詰城と居館という二元形態であるのに対し、戦国時代後半には、戦国大名クラスの居城では、山城部分にも居住空間を設けるようになります。それを考古学的に立証したのが小谷城でした。

ところで、大広間や本丸の発掘では焼土が一切検出されませんでした。数多く検出された礎石にも焼けた痕跡はなく、何よりも出土した膨大な遺物にも二次焼成の痕跡はまったく認められませんでした。これは大広間や本丸が焼けていなかったことを物語っています。私たち現代人は、落城＝焼失というイメージを持っていますが、実際には焼き討ちのない落城もあったのです。小谷城も天正元年の落城に際しては焼け落ちていないことが考古学的に明らかにされています。

二〇一一年のＮＨＫ大河ドラマ「江―姫たちの戦国―」の第一話で、小谷落城のシーンでは焼失する場面となりました。さすがのＮＨＫも発掘調査の成果まではご存知なかったようです。

第九章　近江の近世城郭・彦根城

はじめに

慶長五年（一六〇〇）の関ケ原合戦の戦功により、井伊直政は上野国高崎十二万石より近江佐和山十八万石に加増され、翌六年に佐和山へ入城します。『金亀山伝記』によると、「上意ニ天下之大戦度々先鋒得勝利、誠開国之元大忠節也、因茲今度之敵石田治部居城佐和山幷領地賜之旨被仰候而、佐和山城同於江州十八万石御拝領被遊候」と記されています。ところが、同七年に直政は関ケ原合戦で受けた銃創がもとで、佐和山城中で没します。

佐和山城には、土佐殿丸、越後殿丸と呼ばれる曲輪がありますが、これは井伊直政の家臣木俣土佐の屋敷や中野越後の屋敷が置かれた曲輪と伝えられており、佐和山城が石田三成の居城として関ケ原合戦直後に東軍に攻められ、落城した後も井伊直政の居城として機能していたことを示しています。

井伊家の近江入国と同時に佐和山城が廃され、彦根城がすぐに築かれたように思われていますが、直政の段階では佐和山城が居城だったのです。

彦根築城

直政死後に井伊家は新城の築城に着手します。慶長七年といえば関ケ原合戦は終わったものの大坂城に豊臣秀頼は健在で、軍事的緊張関係は非常に高まっており、徳川家康は大坂攻めへの包囲網を設けます。その東側を担う新城の築城が彦根城だったのです。生前直政は磯山（米原市）への築城を計画していたようですが、内湖に囲まれた磯山では城下建設には限界があり、新城の築城

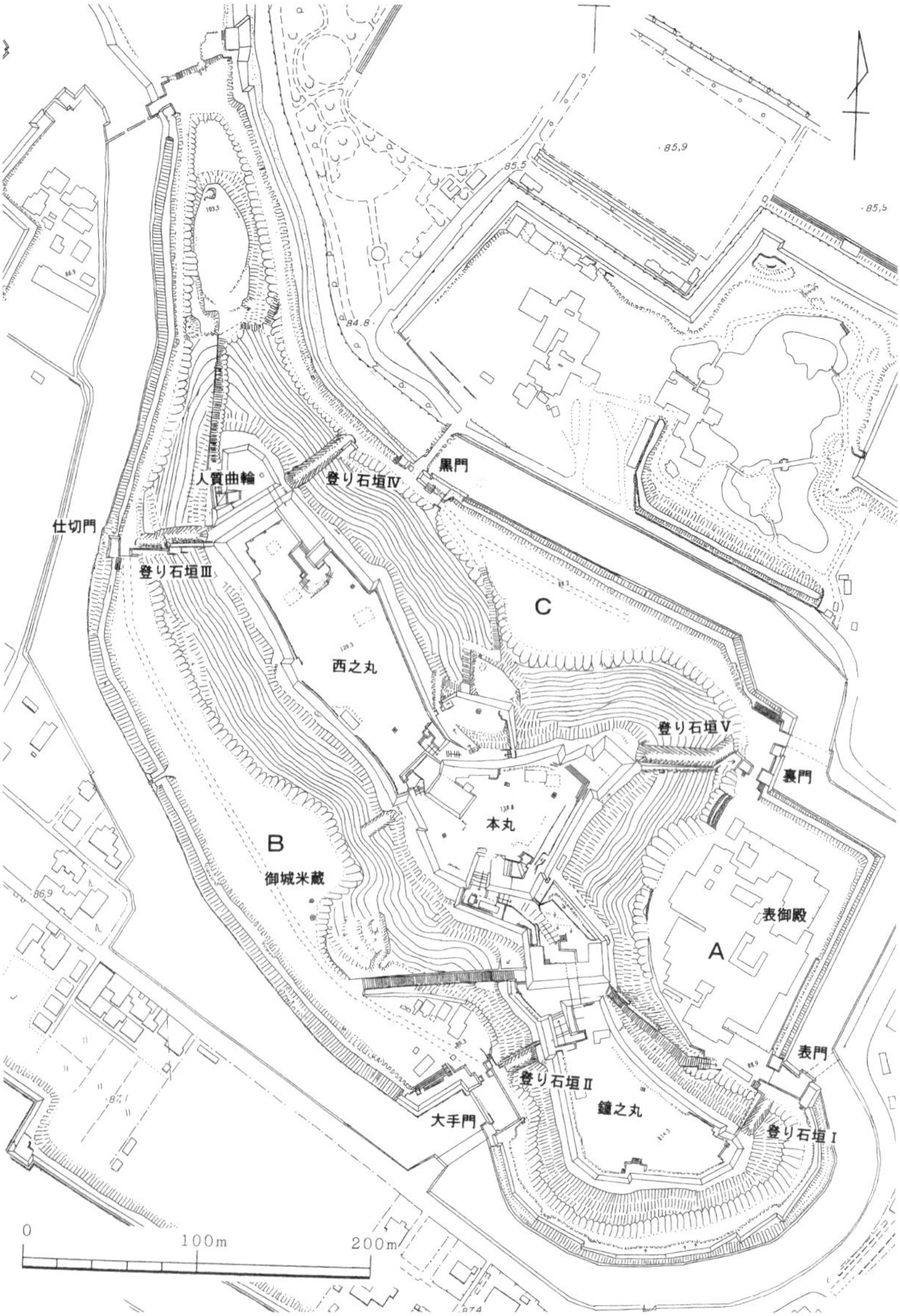

彦根城縄張図（髙田徹氏作図）

地としてはそぐわないとして、家老木俣土佐が家康に直訴して、ようやく彦根山での新城築城となりました。

その築城は大坂城の包囲網として、諸大名を助役とした天下普請によって開始されました。幕府からは公儀奉行が派遣され、『井伊年譜』では七ヶ国十二家の大名に動員がかけられたと記しています。一方、『木俣土佐守日記』には二十八家の大名と、九家の旗本が動員されたと記されています。こうした天下普請にも彦根築城が単なる井伊家の居城としてではなく、対大坂への布石であったことがわかります。築城は慶長九年より始められ、天守は慶長十一年に完成します。この慶長年間の築城が第一期工事として位置付けられます。

築城半ばの慶長十九年には大坂冬の陣が勃発し、工事は一時中断されます。ところで、大坂の陣では直政の嫡男直継（直勝）は病気のため参戦できず、替わって弟の直孝が参戦し、夏の陣後には井伊家の後継者となり、直継は上野国安中へ移ります。このため、彦根藩では直継は歴代藩主に数えられず、直政が藩祖、直孝が二代藩主としてカウントされています。

さて、大坂夏の陣の翌年、元和二年（一六一六）には中断されていた築城工事が再開されます。この第二期工事は天下普請ではなく、井伊家によって開始されます。つまり、井伊家の居城としての築城工事として再開されたわけです。

彦根城の構造

こうして築かれた彦根城は、典型的な平山城として紹介されていますが、彦根山の山頂部分を詰、山麓を居館とみた場合、山城として評価すべきです。その縄張りを担当したのが早川弥惣左衛門幸豊でした。『井伊年譜』によると、家康自ら弥惣左衛門に縄張りを命じたと記しています。弥惣左衛門の父は早川豊後守といい、甲斐武田氏の家臣で、馬場美濃守信房（信春）の門弟であったと伝えられています。信房は築城に長けており諏訪原城、伊那大島城などを築いた伝承をもつ人物です。つまり、弥惣左衛門は慶長年間に武田氏の築城技術を受け継いでいた人物であり、彦根築城にあたって指名されたものと考えられます。

慶長の第一期工事は内堀以内の個所でおこなわれます。山頂に本丸、西の丸、太鼓丸、井戸郭を配し、太鼓丸の前面には堀切を設け、堀切を隔てて鐘の丸が構えられていました。西の丸の前面にも堀切が設けられ、堀切を隔てて出曲輪が構えられていました。鐘の丸、出曲輪はともに馬出的機能を有する曲輪で、こうした縄張りが武田氏築城の特徴を示しているようです。ちなみに『井伊年譜』には、「鐘丸縄張城中第一ノ出来ノ由」と記されており、鐘の丸が山上部分の要となる縄張りであったことがうかがえます。山麓の表御門や、大手門からの登城道はいずれも太鼓丸と鐘の丸間の堀切に入ることとなっており、ここで挟撃にさらされるように工夫されています。さらに、堀切には直接進入することはできず、そこには二重の櫓門が構えられ、門を突破すると堀切に至るようになっており、普請（土木）と作事（建築）を複雑に組み合わせながら防御を強固なものとしています。さらに、鐘の丸と太鼓丸間には廊下橋が架けられていますが、これも戦いの場ともなれば切り落とされ、太鼓丸への侵入を遮断しました。もちろん、西の丸前面の堀切も同様で木橋が架けられていましたが、これも切り落とすことができました。

太鼓丸と鐘の丸間の堀切

　山麓の内堀以内は、彦根山の裾部に帯曲輪が巡り、元和年間以降は表御殿、米蔵、山崎郭などとして利用されていますが、慶長期には木俣土佐、鈴木主馬、川手主水ら、井伊家の重臣たちの屋敷が配置されていました。内堀以内に家臣団を配置することによって防御の兵力としたものと考えられます。このため、井伊家の居住エリアは山上の本丸に構えられました。現在も天守の前面には礎石が規則正しく残されていますが、これが本丸御殿の礎石です。

　彦根城の石垣は、内堀に巡る小規模なものが目につきますが、実は山上の石垣は規模壮大な高石垣で、『井伊年譜』には大津、佐和山、長浜、安土などの古城の石材を集めて再利用したものと記されています。ところが、現状の石垣の石材にはばらつきがほとんどなく、ほぼすべてが湖東流紋岩と呼ばれる凝灰岩であり、築城に際して切り出したもののようです。その石切場は荒神山周辺であったと推定されています。

ところで、彦根城の石垣は天下普請によって築かれたものですが、刻印が一切認められません。慶長期の天下普請で築城された篠山城や名古屋城の石垣では数多くの刻印が刻まれているのとは対照的です。しかし、なぜ彦根城の石垣に刻印が印されなかったのかの理由については謎です。

天守台の石垣は、従来牛蒡積みと呼ばれる積み方で、奥行きに長い自然石を積んだもので、地震などに強い石垣と説明されています。しかし、実際に石垣を見ると矢穴のある石材が目立ち、切石によって築かれていることは明らかで、自然石で積まれた石垣ではありません。『金亀山伝記』には「御天守台ハ尾州衆、鐘之丸廊下橋近所高石垣ハ越前衆築立申候由」とあり、天守台の石垣は尾張、太鼓丸前面の高石垣は越前の石工によって積まれたことがわかります。

西の丸堀切の前面に構えられた出曲輪については『井伊年譜』に、「西丸出郭ノ石垣ハ坂本ヨリ被召抱穴太此築」とあり、この曲輪の石垣を担当したのが、石工として著名な穴太衆であったと記しています。このように、彦根築城にあたって全国から石工が動員されたことがうかがえます。

文化十一年（一八一四）に作成された『御城内御絵図』は、内堀以内の郭内を極彩色で詳細に描いた絵図ですが、彦根山の山裾部が赤茶色に描かれ、「山切岸七間」、「山切岸八間」などと記されています。これは山裾を高さ七～八間（一四～一六m）にわたって垂直に切り立たせたことを示しています。まさに山に取り付けないようにしていたわけです。

元和の第二期工事によって、内堀内にあった重臣屋敷が堀外へ移され、内堀内には表御殿が造営されます。表御殿は藩主の居住域であるとともに藩庁としての機能も併せ持つ建物で、元和以降の彦根城の中枢部となります。明治初年に解体されてしまいましたが、平成元年に外観が復元され、現在彦根城博物館となっています。さらに、重臣の屋敷地であった帯曲輪は米蔵や竹蔵が置かれ、北西端は山崎曲輪として利用されることとなりました。

さて、彦根城の縄張りで最も注目されるのが登り石垣と呼ばれる山上部から山裾に向けて備えられた石塁です。竪石垣とも称されるこの施設は、鐘の丸から表御門へと、鐘の丸から大手へと、本丸着見櫓台から表御殿へと、西の丸前面の堀切の両端から山麓の帯曲輪へとの五ヶ所に構えられています。その構造は幅半間ほどの石塁で、そのうえには瓦塀が備えられていました。さらに、登り石垣の前面、すなわち城外側には竪堀が設けられていました。この登り石垣は敵の斜面移動を封鎖する施設として構えられたものです。

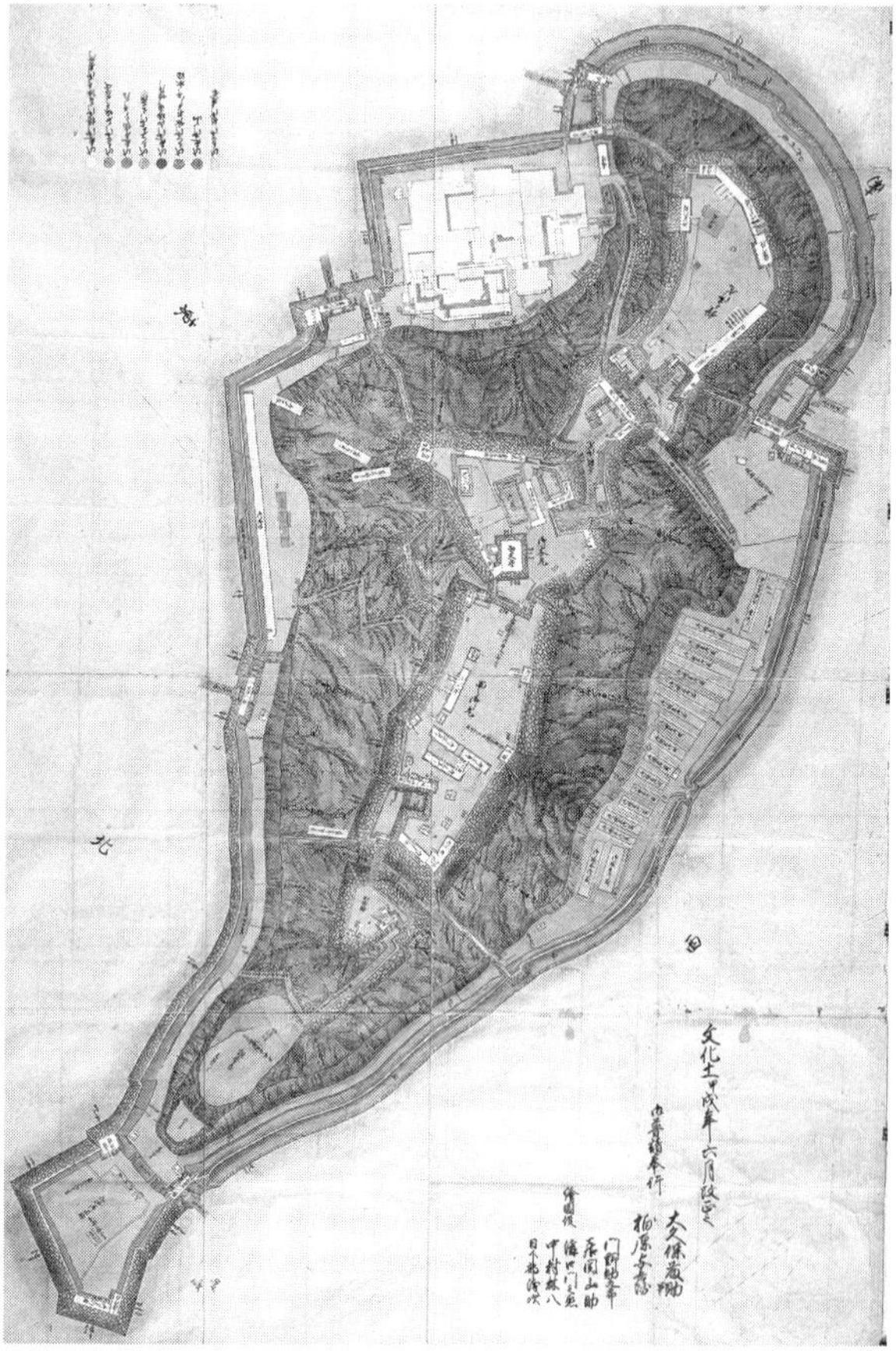

御城内御絵図（彦根城博物館所蔵　画像提供：彦根城博物館／DNPartcom）

日本の近世城郭でこの登り石垣が構えられているのは彦根城以外では淡路洲本城、伊予松山城、但馬竹田城、伯耆米子城のみです。いずれも山上の城郭への敵の斜面移動を封鎖しようとして築かれたものです。

ところで、登り石垣という防御思想はどこから導入されたものなのでしょうか。日本国内にはわずか五例しか認められないのですが、朝鮮半島南岸に築かれた倭城には数多く認められる防御施設です。倭城とは文禄・慶長の役において朝鮮半島南岸に豊臣秀吉軍によって築かれた城郭のことです。外地戦において補給線は最も重要です。李舜臣将軍に率いられた朝鮮水軍に悩まされた秀吉軍は補給路を確保するために港湾を見下ろす山頂に城郭を構え、そこから港湾を一体化して防御するために登り石垣を構えました。その倭城の影響を受けて日本国内でも登り石垣が導入されたものと考えられます。ちなみに、淡路洲本城は脇坂安治、伊予松山城は加藤嘉明、但馬竹田城は赤松広秀、伯耆米子城は吉川広家といずれも朝鮮出兵に参戦渡海した武将によって築かれた城です。

　大坂落城により元和偃武となり、彦根城の第二期工事は井伊家の居城としての築城となります。その結果、縄張りに大きな変化が生じます。それは大手の方向です。内堀に構えられた大手は南西部に位置しており、中堀は京橋口が大手正面の虎口となっていました。言うまでもなく、大坂を正面としたためです。しかし、大坂落城後に江戸への参勤交代が義務付けられます。井伊家では参勤交代にあたっては表御門より佐和口を経て出立します。つまり江戸時代には江戸を正面とした佐和口が実質的な大手となりました。

鐘の丸石垣

大手門

本丸石垣

内堀の鉢巻、腰巻石垣

鐘の丸から表御門に設けられた登り石垣と竪堀

西の丸堀切の登り石垣と竪堀

彦根城の建造物

彦根城は明治九年に解体されますが、かろうじて解体をまぬがれた建造物が六棟残されています。

天守（国宝）

『井伊年譜』には、「天守ハ京極家ノ大津城ノ殿守也、此殿守ハ遂ニ落不申目出度殿主ノ由、家康公上意ニ依て被移候由」とあり、彦根の天守が大津城の天守を移築したものであることがわかります。もちろん、大津城の天守がそっくりそのまま移築されたのではなく、建材や瓦などが移されたのであり、外観はまったくの別物です。その特徴は変化にとんだ屋根構造にあります。入母屋破風、千鳥破風、唐破風、切妻破風が各層に用

天守

いられています。三重階には高欄が巡りますが、実は外に出ることはできず、見せかけとして設けられたものです。また華頭窓が三階のみならず、二階にも設けられているのも大きな特徴といえるでしょう。

ところで、太鼓門から本丸へ登ると、正面に天守が配置されていますが、これは極めて象徴的な天守の姿を見せています。近世的な正面性といえます。ところが、搦手である黒門から本丸へ登ると、天守と付櫓、多聞櫓が石垣の上に連なっており、進入してきた敵に一斉射撃できるようになっています。これは戦国的な攻撃的天守といえます。

太鼓門（重要文化財）

本丸の正面に配された櫓門で、背面に一間幅の廊下が付く構造となっています。解体修理の結果、この門も移築建物であることが判明しました。門前で城道がL字状に屈曲しており、外枡形となっています。櫓門には連子窓が設けられており、外枡形の敵を正面から攻撃できるようになっていました。

太鼓門

西の丸三重櫓（重要文化財）

彦根城には三重櫓が二基構えられていました。一基が西の丸の南西隅部と、もう一基が山崎丸の南西隅に築かれていました。天守が三重であるにもかかわらず、彦根城は三重櫓が構えられた珍しい城です。西の丸三重櫓は古くより小谷城の天守を移築したと伝えられていますが、小谷城は天守のない戦国時代の山城であり、移築などあり得ません。現在の西の丸三重櫓は嘉永六年（一八五三）に大改修されたものです。『井伊年譜』に「同鵄尾ハ瓦小頭中村与左衛門濱中加兵衛小谷ノ土ニ

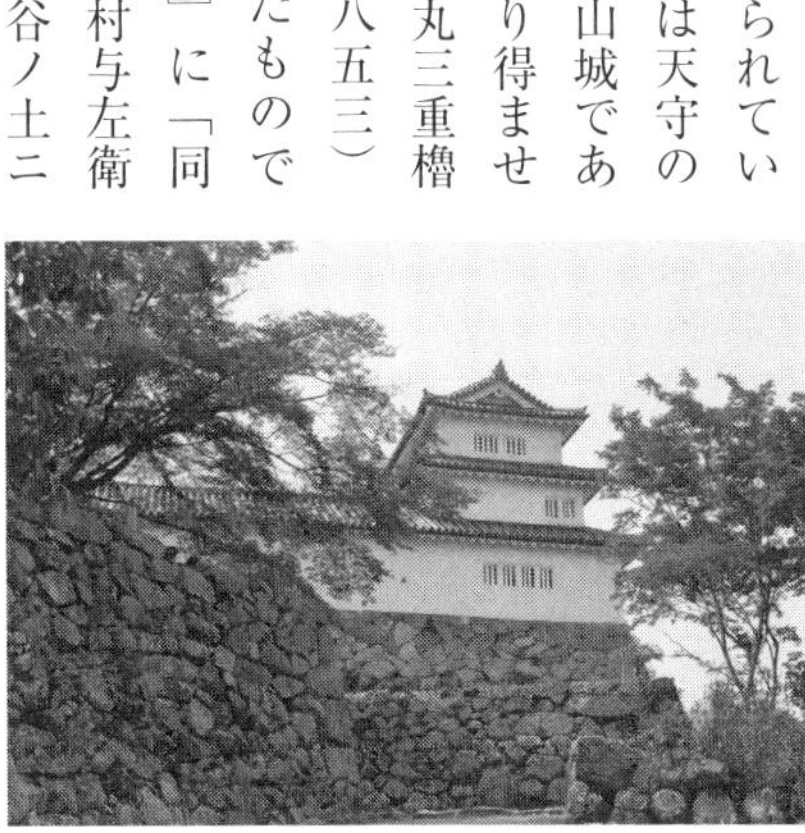

西の丸三重櫓

テ造之天守ノ瓦ハ不残小谷ノ土也」とあり、これが天守を移した伝説に転化したものと思われます。

天秤櫓（重要文化財）

太鼓丸の正面に構えられた櫓門で、門上の多聞櫓は両端に二重櫓を載せています。その形状が天秤に似ることより天秤櫓と呼ばれています。しかし、両端櫓の二重目の屋根は妻入りと平入りと左右非対称となっています。『井伊年譜』には「鐘ノ丸廊下橋、多聞櫓ハ長浜大手ノ門ノ由」と長浜城の大手を移したと記しています。解体修理の結果からも移築されたものと判明しています。しかし、太鼓丸が慶長の第一期工事で造営されているのであれば、長浜城は内藤信成の居城として存在しており、まだ廃城とはなっておらず、長浜城からの移築はあり得ません。おそらく他の城から移築されたものと考えられます。

ところで、天秤櫓の下の石垣は廊下橋の左右で積み方が異なります。向かって右側は打込接工法による石垣で、慶長の第一期工事で積まれたものと考えられます。一方、左側の石垣は落とし積み（谷積み）となっており、幕末に修復されたものです。

馬屋（重要文化財）

城郭は、天守、櫓、門などの防御施設だけではなく、多くの付属施設から構成されていました。その重要な施設のひとつが馬屋です。しかし、明治維新によってすべて破却されてしまい、彦根城の馬屋は現存する唯一の城郭の馬屋です。L字状の平面で、内部には二十一ヶ所の馬繋ぎが設けられています。

佐和口多聞（重要文化財）

中堀には、船町口、京橋口、佐和口が設けられていました。その構造はいずれも枡形となり、一の門（内側）は櫓門、二の門（外側）は高麗門を構えていました。佐和口門は明治初年に解体されましたが、櫓門からの続櫓が残されています。続櫓は端部を二重櫓として

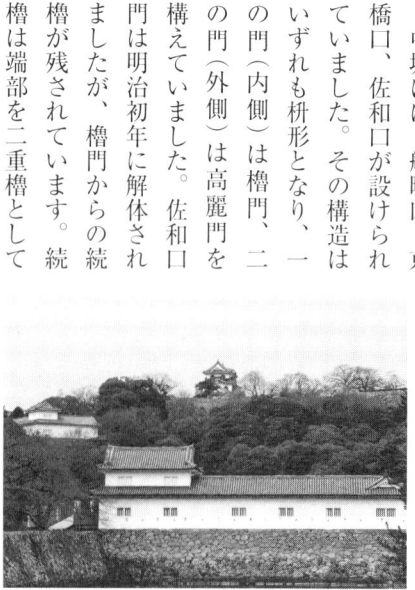

佐和口多聞（後方左が天秤櫓、後方中央が天守）

います。明和四年（一七六七）に焼失し、現在のものは同六年から八年にかけて再建されたものです。

おわりに　佐和山城と呼ばれた彦根城

『大日本五道中図屏風』（三井記念美術館蔵）には、琵琶湖岸の丘陵上に城郭が描かれており、その位置関係より明らかに彦根城を描いたものであることがわかります。しかし、そこには佐和山城と記されています。従来これは誤記として片付けられていたのですが、実は彦根城を佐和山城と記した史料が数多く認められます。例えば『徳川実記』元和元年（一六一五）七月二十日条には「江州佐和山井伊掃部直孝が居城に宿る」とあり、また『当代記』慶長十九年（一六一四）十月二十一日条には「江州佐和山」とあります。いずれも徳川家康の上洛に際して佐和山城に宿泊したときの様子を記したものです。徳川将軍が上洛、あるいは江戸へ帰るにあたって宿泊先として利用したのは親藩、譜代大名の居城や、将軍の休泊専用施設として造営された御茶屋御殿でした。中山道を利用した場合は譜代筆頭井伊家の居城彦根城が利用されました。その譜代筆頭の居城名を幕府の正史である、『徳川実記』や『当代記』が誤記することがあるでしょうか。現在のところ元和元年まで佐和山城と記しており、少なくとも江戸時代初期の段階では彦根城は佐和山城とも呼ばれていたのです。当時の人々にとっては佐和山城は石田三成の居城であったとともに、もっとも知られた地名でもあり、彦根という新しい地名になかなか慣れなかったのでしょう。

佐和山城イコール石田三成。そして佐和山城は井伊家にとっては忌み嫌うべき城であるというイメージは少なくとも江戸初期にはなかったのです。おそらく、そうしたイメージは近世末か、あるいは、近代に入ってから生まれたものだと考えられます。今一度、『金亀山伝記』を読むと、「佐和山城同於江州十八万石御拝領被遊候」とあり、佐和山城は関ケ原合戦の戦功として神君家康から直政は賜ったのです。決して忌み嫌うべき城ではなく、むしろ、井伊家にとっては名誉の城だったのです。そのため彦根城を佐和山城と呼ぶことについて違和感はなかったのでしょう。

第十章　近江の近世城郭・膳所城

膳所築城の経緯

　慶長五年（一六〇〇）九月十五日の関ケ原合戦に勝利した徳川家康は、二十日には近江大津城に入城し、早速に戦後処理をおこないます。そのひとつに二の丸、三の丸が焼失した大津城の修築がありました。家康は東海道の要である大津城の修築を急務としましたが、京極高次の大津籠城戦で、大津城が長等山などから砲撃されたことより、大津城が地形的に不利な地であるとして、膳所への築城となりました。明治時代に旧膳所藩士が著した『懐郷坐談』によると、関ケ原合戦後の急務として逢坂関の復旧か、大津城の再興のいずれをおこなうかという家康の相談に、家康の側近である本多正信は大津城の再建は賛同できないとし、新城の築城を進言し、勢田城の故地や、窪江城の故地と膳所の大明神社の地に幟をたて、地形を判断し、最終的に琵琶湖に面した膳所の地に決定したと記されています。

　戦国時代末期に大津の地は非常に重要視され、永禄十三年（一五七〇）に宇佐山城が築かれ、元亀二年（一五七一）には湖岸に坂本城が、天正十四年（一五八

琵琶湖より望む膳所城

六）頃には大津城が、そして慶長六年（一六〇一）に膳所城が築かれました。わずか三十年の間に四度も城郭が築かれたのです。そのうちの三城が琵琶湖岸に面して築かれているという事実は、大津の城が琵琶湖の湖上交通を重要視していたことを如実に示しています。

こうして、慶長六年六月に築城が決定された膳所築城は、関ケ原合戦後に徳川家康が最初におこなった築城でした。『家忠日記』には「慶長六年辛丑六月諸国守に命じて江州膳所崎に城を築かしめ給ふ。奉行八人之を監す。天下普く治め給ふ後城を築かしむるの始也」とあり、家康は八人の奉行を派遣し、その築城には諸国の大名が助役として動員されました。『家忠日記』では関ケ原合戦後の最初の築城だと記しています。また、その縄張りには藤堂高虎があたりました。

『近江名所図会』に描かれた膳所城

この築城に際して、『当代記』慶長六年六月条に「前々崎（膳所崎）普請。大津の家門幷びに石共、彼地へ移さる」と記されており、大津城の城門や石材が膳所城に移されたことがわかります。大坂城攻めを想定する徳川家康にとって膳所築城は急務であり、同年中に城主戸田一西（がずあき）は膳所城に入城しています。家康は関ケ原合戦直後に一西を大津城主としていました。『東照宮御実紀』には「このたび膳所の城新築ありしが、この所王城にして枢要の地なり。誰に守らしめむと問はせたまへば、正信しばし思案して、戸田左門一西こそ武勇にすぐれ、且つ天性誠実なれば、これに過ぎたるはあらじと申せしにより、一西に定まりしとぞ」とあり、膳所築城を進言した本多正信が一西を強く推薦したようです。

このように、膳所築城は徳川家康による大坂包囲網の第一段階の築城として位置付けることができます。以後、慶長九年（一六〇四）には彦根城が、同十四年（一六〇九）には篠山城が築かれます。こうした大坂の陣を見越して築かれた諸城が天下普請として築かれた点は注目されます。天下普請の始めは対豊臣戦を想定した軍事的緊張のなかで実施されたものであり、そこには短時間で築城するために諸大名が動員されたものと考えられます。

膳所城の構造

さて、膳所城の築城当初の構造を伝える資料としては、正保元年（一六四四）に幕府が全国の諸大名に命じて提出させた正保城絵図があります。それによると、琵琶湖に突出した台形状の本丸には南方に「L」字状に突き出した帯曲輪が付属しています。そして帯曲輪の内湾した部分が船入りで、琵琶湖から直接船で本丸に上陸することができました。天守は本丸の北西隅部に構えられていました。この本丸と堀を隔てて西側に長方形の二の丸が配置されており、本丸とは廊下橋で結ばれていました。つまり、本丸は廊下橋を落とせば、琵琶湖に浮かぶ島となるわけです。

二の丸の西正面には土橋が架かり、その前面には角馬出が設けられていました。ただし、馬出としては巨大なもので、曲輪機能も持つ馬出曲輪と呼べるものです。淀城（京都市）では三の丸の前面に巨大な馬出曲輪とし

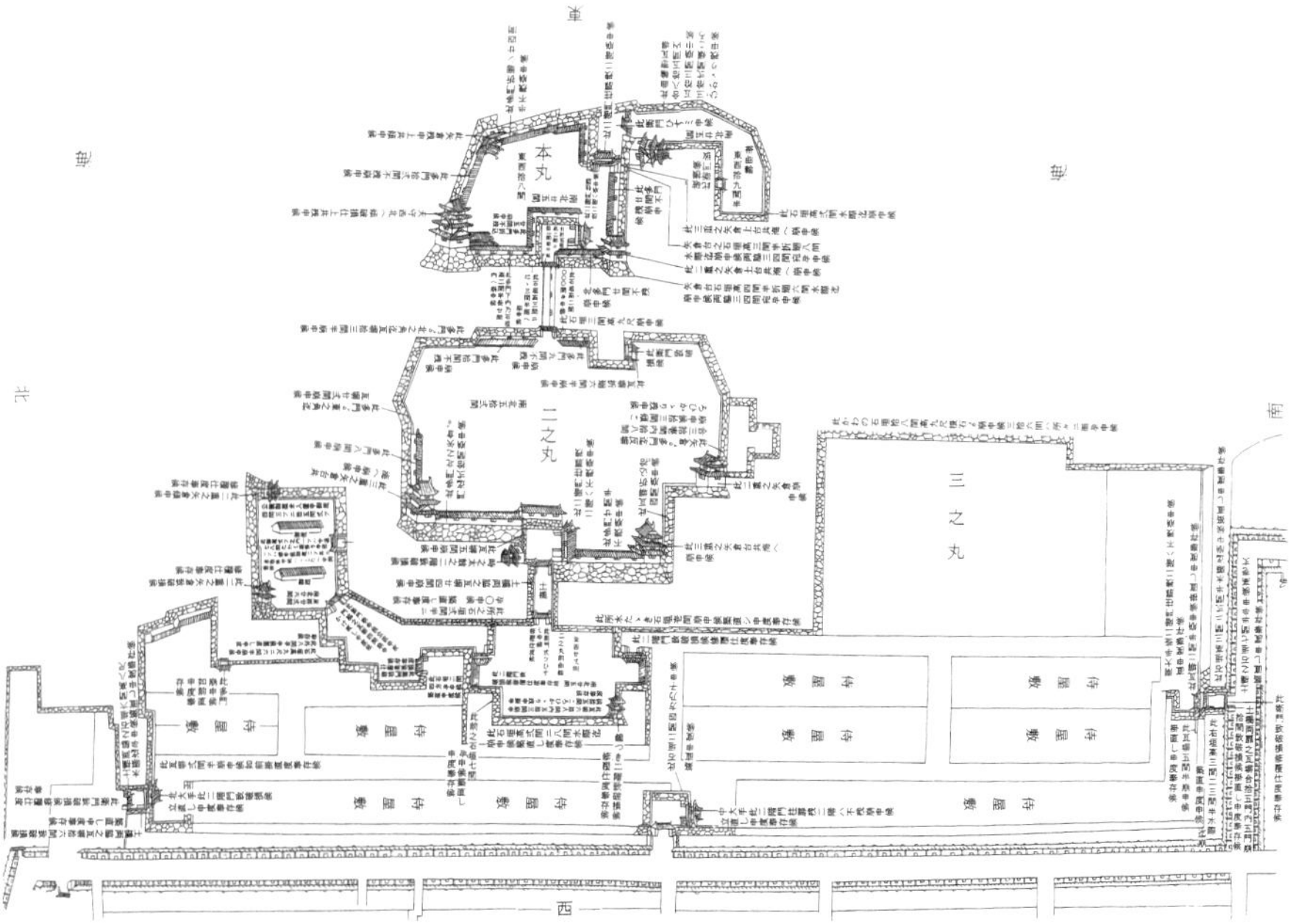

寛文２年以前の膳所城図
（滋賀県教育委員会1992『滋賀県中世城郭分布調査報告９（旧滋賀郡の城）』より　滋賀県提供）

て、東曲輪が配置されていますが、淀城の場合は正面にも橋が架かる、やや変則的な馬出となります。西国の近世城郭で馬出を構えるものはほとんどなく、篠山城（兵庫県）の外郭に三ヶ所の角馬出が設けられている事例と膳所城くらいしか認められません。いずれもが対豊臣戦を想定して天下普請によって築かれた城であり、徳川氏築城の特徴として捉えることができます。

馬出の北側土橋を渡ると、北の丸がやはり琵琶湖に突出して配置されており、御蔵が置かれていました。

こうした琵琶湖に突出した城郭部を取り囲むように、湖岸部に長方形の三の丸が構えられ、周囲には水堀が「コ」の字状に巡らされていました。この三の丸の北、中、南に三つの大手門が構えられ、中大手は内枡形となっていました。

寛文二年（一六六二）、近江高島を震源とするマグニチュード七・六の大地震が発生し、膳所城は大きな被害を受けました。滋賀県立図書館にはこのときの被害の状況と修覆計画を示した「覚」［膳所城修覆願ヶ所絵図］（滋賀県指定文化財）が残されています。それによると、被害は天守が北西に大きく傾き、本丸の三重櫓は土台とともに湖中に崩れ落ち、本丸をめぐる多聞櫓にも大きな損傷がありました。このため修覆については、本丸と「L」字状の帯曲輪と、さらには二の丸を合体させて巨大な本丸とし、三の丸の南東隅に堀を掘り、新たに一画を設けて二の丸としました。

城郭の建物については、この寛文地震以降の膳所城についてみておきましょう。当初本丸の北西隅に構えられていた天守は、堀が埋め立てられたことによって、本丸の北辺塁線の中央に位置することとなりました。天守は四重四階の層塔型で、築城当初は南側に二重の多聞櫓によって繋がっていましたが、地震後は寸断して付櫓に改修されました。「覚」［膳所城修覆願ヶ所絵図］をはじめとする絵図資料からですが、天守外観は漆喰塗込の大壁で、平面の規模は一重目が東西八間、南北六間四尺、二重目が五間×六間、三重目が四間四方、最上階が三間四方の規模でした。天守はその後焼失等の記録もなく、明治三年（一八七〇）に解体されるまで存在しており、その姿を琵琶湖の湖面に映していました。

ところで、四重の四は死につながるということから忌み嫌われたとよく言われています。実際には膳所城をは

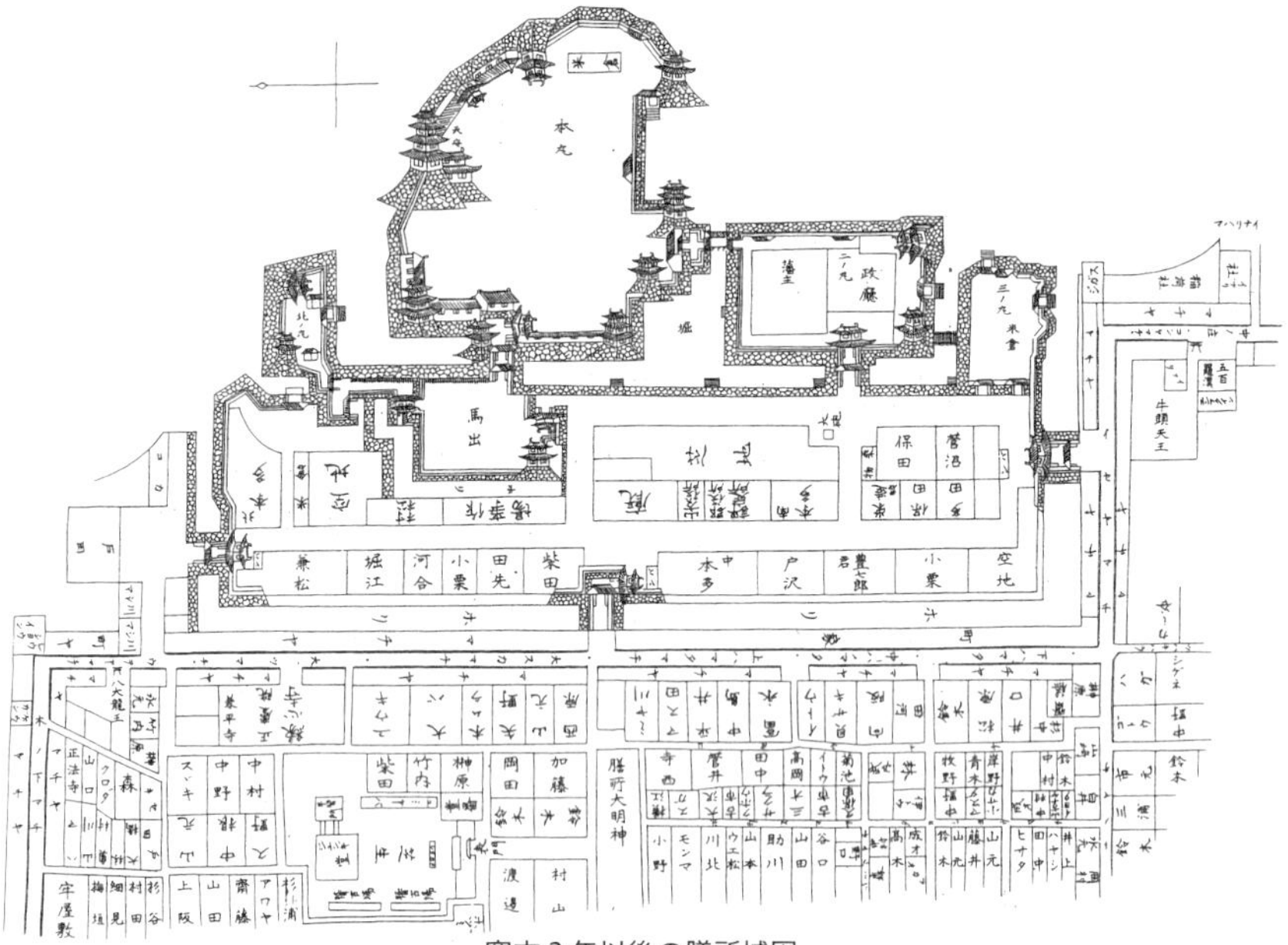

寛文２年以後の膳所城図
（滋賀県教育委員会1992『滋賀県中世城郭分布調査報告９（旧滋賀郡の城）』より　滋賀県提供）

じめ、大垣城、尼崎城、大洲城で四重天守が築かれています。蛇足ですが、膳所城の初代城主である戸田一西は完成した天守から誤って落ちて亡くなっています。四は死に通じてしまったのでしょうか。しかし、尼崎城、大垣城の四重天守は一西の息子氏鉄によって築かれたものです。

天守は、昭和三十一、三十二年に実施された発掘調査によってその土台となる東、北、西辺石列が検出され、天守基底部が東西二二m、南北一八mであったことが判明しました。なお、発掘調査では本丸石垣を波から防護するための石垣前面に施された捨石護岸や、波除け石列も検出されています。湖中に築かれた石垣を崩落させない工夫が目に見えないところで施されていたわけです。こうした捨石護岸は若狭小浜城の発掘調査でも検出されており、湖岸や海岸での築城に共通する工夫だったことがわかります。

さて、城内の建物ですが、十八世紀頃の景観を描いた「近江膳所城絵図」（滋賀県安土城考古博物館所蔵）によると、本丸には三重櫓が三基、二重櫓が五基、二の丸には二重櫓が二基、馬出曲輪に二重櫓が一基、北の丸に二

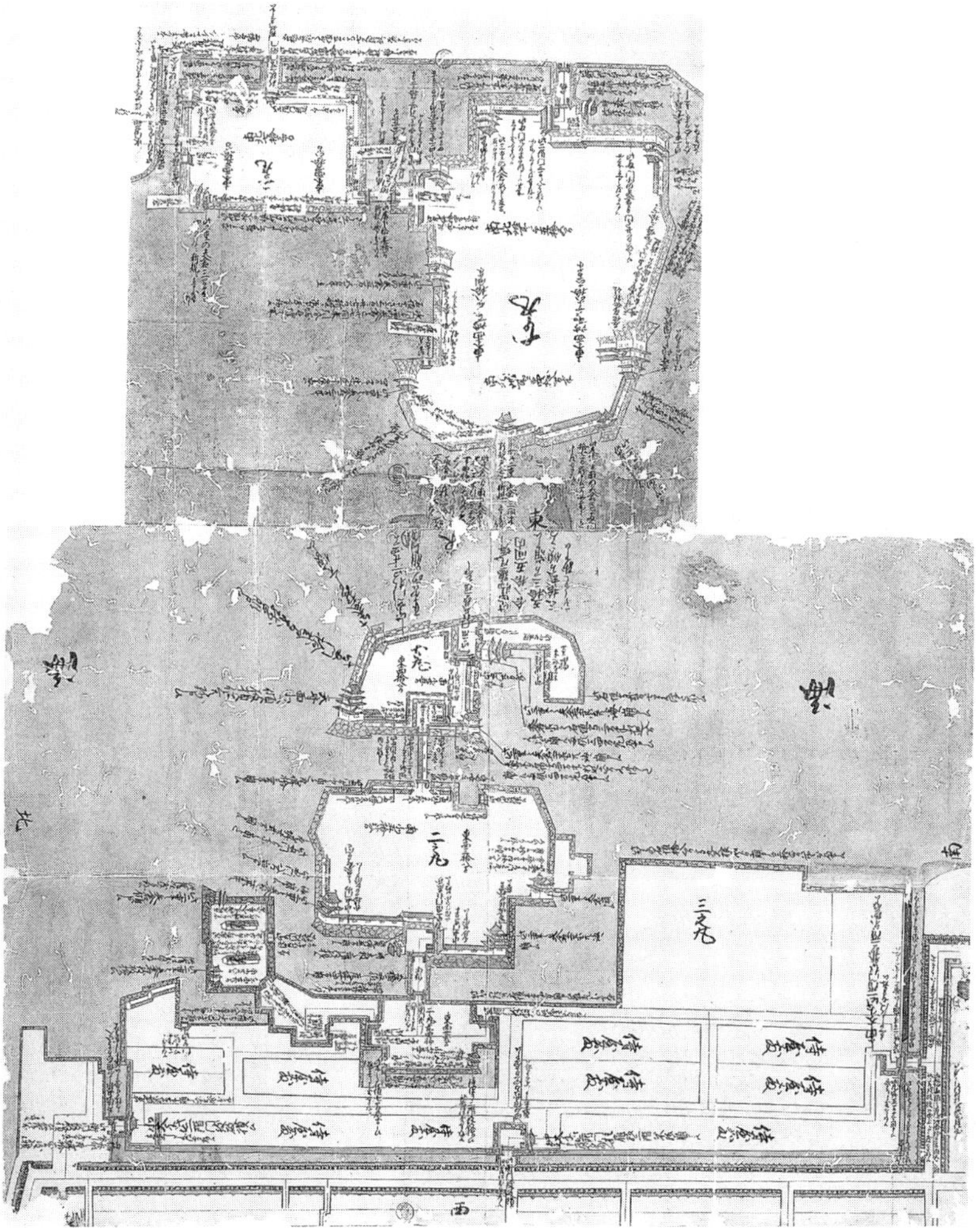

覚〔膳所城修覆願ヶ所絵図〕（滋賀県立図書館蔵）

重櫓が二基描かれています。

本丸内部には、建物はほとんど設けられず、詰丸として意識されていたことを示しています。十八世紀には狐狸の住処となりました。二の丸には藩主の屋敷と藩庁となる二の丸御殿があり、北の丸には御米蔵が置かれていました。三の丸は上級家臣の武家屋敷地となっていましたが、作事所、厩、山方役所、郡役所、評定所、武器庫などの公的施設も置かれていました。

また、三の丸の前面には東海道が並行して通っているため、城下の出入り口には北側に大津口、南側に勢田口が置かれていました。この出入り口は総門と呼ばれ、堀を巡らせた枡形となっており、非常に厳重な構造となっていました。

膳所城の歴代城主

初代城主戸田一西が不慮の死を遂げると、息子の氏鉄が城主となりますが、元和二年（一六一六）には摂津尼崎へ転封となり、替わって三河西尾より本多康俊が入部しますが、その子俊次が再び西尾に移封されると、伊勢長島より菅沼定芳が入部します。いずれも三万石の石高でした。

ところが、寛永十一年（一六三四）の三代将軍家光の上洛に際して下総佐倉より七万石を以て石川忠総が入れ置かれます。これは幕府が改めて東海道上の要衝であり、京への関門である膳所城の重要性を認識した転封と考えられます。その後、慶安四年（一六五一）に石川氏が備中松山へ移されると、伊勢亀山から本多俊次が三十年ぶりに七万石で再封されます。以後、本多氏が世襲して明治に至ります。

明治六年（一八七三）に、全国の城郭は廃城令により存廃が決定され、廃城となった城郭では同七～八年に入札がかけられ大半の建物が取り壊されました。ところが、膳所城では廃城令にさきがけて、明治三年（一八七〇）に藩主本多康穰（やすしげ）が「旧来之城郭ヲ存置候ハ畢竟無用ノ長物」として、明治新政府に廃城願を提出し許可を得て、膳所城の取り壊しを開始します。天守以下石垣に至るまで一、二〇〇両で売却されたと伝えられています。

現存する膳所城の建物

廃城に伴い城内の建物、とりわけ城門の多くが寺社に払い下げられ、膳所城下に残されています。城は石垣すら残されていないのに対して、建物が移築されて残るという極めて珍しい城といえます。

ここでは代表的な移築建造物を紹介しておきます。

芭蕉会館

現在、大津市秋葉台にある芭蕉会館は本丸東正面の二重櫓を移築したものと伝えられています。明治初年に城下の料亭坂本屋が引き取り、飛龍閣と称して宿泊施設として利用され、さらに、昭和三十九年に現在地に再移築されました。「近江膳所城絵図」では本丸の東辺には北東隅部と、ほぼ中央部の二ヶ所に二重櫓が描かれ、そのいずれかが移築されたものと考えられます。しかし、二度にわたる移築によってはなはだしい改築を受けており、内外観ともに損なわれています。ただ、内部には当初材も使用されており、膳所城の二重櫓の唯一の現存例として貴重な建物です。

芭蕉会館

六体地蔵堂

現在、京阪膳所本町駅近くの相模川沿いにある六体地蔵堂は寄棟造り本瓦葺きの小規模な建物です。古くより地元では城内のお椀倉を移築したものと伝えられていました。ところが小屋組に掲げられた二枚の棟札の銘文により、この建物が安政二年（一八五五）に上棟された御櫓であったことが判明しました。どこに建てられた櫓かは記されていませんが、膳所城の櫓遺構として貴重なものです。

なお、もう一枚の棟札からはこの建物が明治十六年（一八八三）に再建されたとあることから、そのときに現在地に移築されたものと考えられます。また、大正十三年（一九二四）には屋根其他の修理がおこなわれたことが記されています。

膳所神社表門（重要文化財）

膳所神社の表門は、本瓦葺き脇戸付の薬医門で、膳所城の二の丸から本丸への門を移築したと伝えられています。昭和五十七年に実施された解体修理で冠木の真材の旧仕口より銘札が発見され、この門は明暦元年（一六五五）に建てられたものであることが判明しました。また、棟札からは明治三年（一八七〇）に膳所神社に移築されたことも判明しました。全国にさきがけての廃城であったこともこれで明らかとなりました。

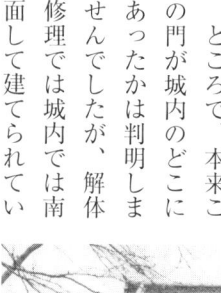

ところで、本来この門が城内のどこにあったかは判明しませんでしたが、解体修理では城内では南面して建てられていた門であったことが墨書で明らかとなりました。また、脇戸が正面向かって左側に付くことと、背面の控柱も左の方が右控柱より開いていることより、南から入って西側に折れる枡形の衡門であったことがわかりました。加えてこの門が天井を白壁とするなど、他の門に比べると上質に仕上げられています。こうした特徴などを「覚」［膳所城修覆願ヶ所絵図］に描かれている寛文二年（一六六二）以後の城門にあてはめると、本丸から二の丸に渡った正面に構えられた門であった可能性が高く、伝承とも一致します。さらに、真材には現在使われていない仕口を持つものがあり、それらは明暦以前の建物の転用と見られます。しかも、大半で二回の転用が認められました。こうした転用は慶長六年（一六〇一）の築城に伴うものが一回と考えられます。おそらく寛文二年以前は本丸に取り付く「L」字状の帯曲輪に構えられた琵琶湖に開く大手の城門であったものが、寛文地震の後に二の丸へ移されたものと考えられます。問題はもう一度の転用です。慶長六年の築城より寛文二年までの間での転用は考え難く、それ以前の転用と考えられます。つまり、この城門の真材は膳所城の前身である大津城からの転用

膳所神社表門

である可能性が高いといえます。

膳所神社の表門は、大津城から膳所城に移築され、さらに地震により修復され、明治維新後に膳所神社に移されたもののようです。

膳所神社北門、南門

膳所神社には、表門だけではなく、北門、南門も膳所城から移築された城門と伝えられています。北門は表門と同じ脇戸付の薬医門で、屋根は現在桟瓦葺きとなっていますが両棟には鯱が載っています。規模は表門に比べるとやや小規模で、脇戸の位置が右側に取り付いています。両端柱と冠木下端の螻羽部分に間柱や板壁の痕跡があり、かつては石垣の間にあった門のようです。城内のどこに構えられていた門かは伝えられていませんが、門の構造などから本丸正面の土橋に構えられていた門の可能性が高いようです。

一方、南門は小規模な高麗門で、屋根は本瓦で葺かれています。全体に建ちが高く、扉は縦格子の透戸となっています。地元の伝承では城の水門であったと伝えられています。「覚」「膳所城修覆願ヶ所絵図」には水門が四基描かれていますが、南門がそのうちのいずれかはわかりません。

篠津神社表門（重要文化財）

篠津神社の表門は、脇戸付の高麗門で、屋根は本瓦葺きとなっています。昭和三十三年に実施された解体修理に伴い棟札が発見され、この門が膳所城の北大手門であり、明治五年（一八七二）に篠津神社で上棟されたことが判明しました。

なお、貞享四年（一六八七）の北大手冠木門他二件の入札仕様書があり、このときに再建された門であることがわかります。

篠津神社表門

鞭崎神社表門（重要文化財）

草津市に所在する鞭崎神社の表門は、篠津神社の表門とほぼ同形式の脇戸付の高麗門で、屋根は本瓦葺きとなり、両棟には鯱が載っています。脇戸の位置は篠津神社表門とは反対に右側に設けられています。昭和十一年の解体修理では棟札が発見されており、明治四年（一八七一）に南大手門を移築したことが判明しました。

若宮八幡神社表門（大津市指定文化財）

若宮八幡神社表門は、脇戸付の高麗門で、屋根は本瓦葺きとなり、両棟には鯱が載っています。地元の伝承では本丸の犬走門と伝えています。全体的に建ちが低く、梁間寸法も小さいため、小規模な城門であったと見られますが、これらは明治以降に切り詰められた結果であり、元来は鞭崎神社表門とほぼ同様の規模の門であったことが判明しています。

若宮八幡神社表門

これら以外にも、御霊神社神門や近津尾神社神門、新宮神社神門、細見家門などに城門が移築されています。

なお、城下町の南側出入り口であった勢田口総門の番所が平成十二年まで残されていました。総門を入るとこの番所がありました。平面は十畳の部屋が二間連続し、桁行正面に土間の下屋を持つ構造で、屋根は本瓦葺きで、下屋は桟瓦葺きとなり、両棟には鯱が載っていました。唯一原位置を保っていた城郭建築でしたが、残念ながら取り壊されてしまいました。なお、この勢田口の総門は大阪の泉大津市に細見家の門として移築され現存しています。

ありし日の勢田口総門の番所

おわりに

城は現在、膳所城跡公園となり、公園の入り口には城門を模した門が建っており、大津市民の憩いの場となっています。また、大津市歴史博物館には膳所城と城下町の復元模型があり、幕末の膳所城の様子を見ることができます。

膳所公園の琵琶湖岸に残る石垣石材

あとがき

本書は二〇〇九年六月から二〇一二年七月まで一般社団法人滋賀県建築士事務所協会の会報『びわ湖』№67〜№76に連載した「近江の戦国城郭」を書籍化したものです。実に三年間、四ヶ月に一回ずつの連載でした。

当時を振り返ると、二〇〇八年に二五年務めた米原市を五二歳で退職し、後の人生は城郭研究に専念しようと決心した時期でした。退職を知った旧知の嘉田由紀子知事（当時）に呼び出され、滋賀県文化財アドバイザーというポストに招いていただき、琵琶湖文化館で勤務することとなりました。さらに二〇一〇年からは長浜城歴史博物館の館長として招かれ、二〇一一年には滋賀県立大学で日本考古学の教員として勤務することとなりました。

このように本書は公務員退職後、大学勤務までの間に連載していたものであり、私自身の著作のなかでもひとしお思い出深いものです。しかし、建築士事務所の会報という性格上、歴史や城郭研究を志す人たちの目に触れることはほとんどありませんでした。

あるとき、サンライズ出版の岩根治美専務にこんな連載をしていましたとお話ししたことがあり、それはぜひ一冊にまとめるべきですということで企画が進み、本書の刊行となりました。

連載後すでに一二年が経っており、今読み返すとすでに見解が古くなった箇所もあります。書き直そう思ったところもあります。しかし、あえて連載段階の原稿をほぼそのままに書籍化しました。私が城郭研究に専念すると決めたときの近江の城郭に対する想いを読み取ってほしかったからです。

最後に企画から刊行に至るまでお世話になりましたサンライズ出版の岩根治美専務に改めてお礼を申し上げます。

令和六年九月

中井　均

編者略歴

中井　均（なかい ひとし）

1955年大阪府生まれ。龍谷大学文学部史学科卒業。㈶滋賀県文化財保護協会、米原市教育委員会、長浜城歴史博物館館長を経て、2011年に滋賀県立大学人間文化学部准教授。2013年度より同教授。2021年に定年退職。金沢大学や大阪大学などの非常勤講師も務めた。専門は日本考古学で、特に中・近世城郭の研究、近世大名墓の研究。滋賀県立大学名誉教授、日本城郭協会評議員。

主な編著書

著　書『城館調査の手引き』山川出版社2016
『中世城館の実像』高志書院2020
『信長と家臣団の城』KADOKAWA2020
『秀吉と家臣団の城』KADOKAWA2021
『戦国期償還と西国』高志書院2021
『織田・豊臣城郭の構造と展開 上』戎光祥出版2021
『織田・豊臣城郭の構造と展開 下』戎光祥出版2022
『戦国の城と石垣』高志書院2022
編　著『戦国の城と一揆』高志書院2023

近江の戦国城郭

2024年９月18日　初版１刷発行

著　者　中井　均
発行者　岩根　順子
発行所　サンライズ出版株式会社
滋賀県彦根市鳥居本町655-1
〒522-0004　TEL.0749-22-0627
FAX.0749-23-7720
印刷・製本　シナノパブリッシングプレス

ISBN978-4-88325-826-0